Starke Freunde

Starke Freunde

Die schönsten Vorlesegeschichten
mit Bildern von
Philip Waechter

Herausgegeben von Barbara Gelberg

www.beltz.de
© 2010 Beltz & Gelberg
in der Verlagsgruppe Beltz · Weinheim Basel
Alle Rechte für diese Ausgabe vorbehalten
Rechtenachweis im Anhang
Neue Rechtschreibung
Einbandillustration: Philip Waechter
Einbandtypografie: Moni Port
Satz und Typografie: Antje Birkholz
Litho: ICC Print, Biblis-Wattenheim
Druck: Beltz Druckpartner, Hemsbach
Bindung: Druckhaus »Thomas Müntzer«, Bad Langensalza
Printed in Germany
ISBN 978-3-407-79965-4
1 2 3 4 5 6 7   13 12 11 10

Inhalt

Rafik Schami Samis Katze 7

Katja Alves Das Lied von der kleinen Ameise 14

Fredrik Vahle Fischbrötchen 23

Jürg Schubiger Am Meer gewesen 27

Dorothee Haentjes Schaf ahoi 34

Goldlöckchen und die drei Bären 46

Hiltrud Conrad Durch dick und dünn 50

E. E. Cummings Der Elefant und der Schmetterling 55

Christine Nöstlinger Ameisen 61

Philip Waechter Die Geschichte meines Opas 62

Klaus Kordon Pinocchio im Schnee 71

Franz Hohler Schafsgeschichte 80

Åsa Lind Zackarina und die Dunkelheit 83

Philip Waechter Die Geschichte meines Opas 88

Martina Wildner Alles Verhandlungssache 93

Andrej Usatschow Das Mäuschen,
das nach der Uhr lebte 99

Wieland Freund Ida auf der anderen Seite 105
Annette Pehnt Bosto 111
Philip Waechter Die Geschichte meines Opas 118
Uri Orlev Der Junge im Spiegel 123
Franz Hohler Der kluge Bär 127
Kenneth Grahame Der Fluss 129
Erwin Moser Der einsame Frosch 148
Janosch Der Bär und der Vogel 153
Mirjam Pressler Katharina und so weiter 158
Philip Waechter Die Geschichte meines Opas 163
Paul Maar Wer ist der Größte? 168
Josef Guggenmos Au! 175
Philip Waechter Rosi in der Geisterbahn 177

Bart Moeyaert Afrika hinter dem Zaun 190
Beate Dölling Mücken bleiben Mücken 197
Peter Härtling Sofie hat einen Vogel 203
Renus Berbig Superhelden 204
Christine Nöstlinger Der Bohnen-Jim 211
Roald Dahl Danny 218
Rhoda Levine Er war da und saß im Garten 225

Quellen und Rechtenachweis 234

Rafik Schami

Samis Katze

Wenn ich an meine Kindheit zurückdenke, so kannte ich damals niemanden, der so viele Narben an seinem Körper trug wie Sami.

Die Jungen in meiner Gasse nannten ihn auch Narben-Sami. Sami war immer hungrig, während meine Mutter mir sehr viel Essen mitgab. Und so freute ich mich, ihm eine Freude zu machen. Auf diese Weise lernte ich Sami kennen. »Deine Mutter hat eine gütige Hand«, sagte er manchmal, nachdem er das belegte Brot verschlungen hatte. An manchen Tagen aber flüsterte er mir leise zu: »Du kannst deiner Mutter sagen, dass sie beim nächsten Brot ruhig mehr Butter draufklatschen kann. Butter schmiert die Rutsche zum Magen.« Ich gab meiner Mutter Bescheid, tat dabei aber so, als käme der Wunsch von mir, und sie lachte zufrieden. Sami lachte auch.

Sami wohnte nicht weit von mir in einem Armenhaus der katholischen Kirche. Mehr als zehn Familien lebten in dem alten Haus mit dem großen Innenhof, der voller Unrat, rostiger Fahrräder und verwahrloster Blumentöpfe stand. Sein Vater war ein Tischlergeselle mit dicken Muskeln und wenig Verstand. Er trank viel und war immer laut. Samis Mutter dagegen war eine zierliche

Frau mit schönen Augen und einem blassen Gesicht. Meine Mutter behauptete, sie würde nie lächeln und hätte das traurigste Gesicht der Welt. Das stimmte natürlich nicht. Samis Mutter lächelte mich immer an, und nicht selten streichelte sie mir über den Kopf, wenn ich Sami besuchte. Aber woher sollte meine Mutter das wissen. Sie hatte Samis ärmliche Behausung nie betreten.

Sami und ich, wir waren Freunde. Ich sagte nie Narben-Sami zu ihm. Und weil er mich mochte, erzählte er mir die Geschichte einer jeden Narbe. Es waren witzige kleine Begebenheiten, und mochte auch die Hälfte gelogen sein, ich liebte seine Geschichten. Er merkte es und schmückte sie aus. Und als hätte jede Narbe eine Nummer, brachte er die Geschichten nie durcheinander. Die meisten Kinder glaubten ihm kein Wort, aber das störte ihn wenig. Er erzählte. Nur wenn sich Georg, der Sohn des Verkehrspolizisten Elias, dazugesellte, verstummte Sami bald. »Er lacht an den falschen Stellen«, erklärte er. Auch mich nervte Georgs Wiehern in den Momenten, in denen ich am liebsten weinen wollte.

Doch alle Geschichten seiner Narben waren nichts gegen die, die ich höchstpersönlich miterlebt hatte. Und um sie zu verstehen, muss man eine kleine Vorgeschichte kennen.

An einem Frühlingstag sah ich Sami in die Gasse kommen. Er war vollkommen durchnässt. An seinem rechten Knie klaffte eine Wunde. Und er trug eine kleine Katze auf dem Arm. Sie zitterte erbärmlich. Jemand habe die Katze ertränken wollen und sie in den Fluss geworfen. Er sei ins Wasser gesprungen und habe sie gerettet. Als er aus dem Wasser geklettert sei, habe er sein Knie

Samis Katze

an einer Glasscherbe verletzt, sagte er, als ich auf die Wunde zeigte. Ich dachte, Sami würde, wann immer ihn später jemand nach dieser Narbe fragte, davon erzählen, wie er die Katze gerettet hatte. Aber das war gar nicht nötig, denn die Nachbarn erzählten auch so von Samis Katze – genau wie ich heute, fünfzig Jahre später.

Sami pflegte das kleine Geschöpf wie eine Mutter ihren Säugling. Er verbrachte viele Stunden mit ihr. Ich setzte mich oft zu ihm, doch ich muss gestehen, sein Gerede über die Katze langweilte mich. Die Katze habe dies, die Katze habe jenes gemacht oder nicht gemacht.

Samis Katze sah wirklich prächtig aus, sie war das einzige Wesen in seinem Haus, das Gesundheit und Wohlstand ausstrahlte.

So weit also Samis Katze. Irgendwann sah man Sami immer seltener in der Gasse. Er hatte sich dazu entschlossen, Karate zu lernen, und trainierte hart. Wenn er dann schließlich wieder einmal auftauchte, kam er oft mit blauen Flecken, aber er verriet nur mir, weshalb er sich so quälte. »In drei Jahren werde ich meinen Vater daran hindern, meine Mutter zu schlagen.«

Ich schaute diesen ausgemergelten kleinen Burschen ungläubig an. Er bemerkte meine Zweifel sofort. »Komm her«, sagte er, »und versuch mit diesem Stock auf das Holzfass hinter mir einzuschlagen. Das ist meine ängstliche Mutter, die sich in der Ecke zusammenkauert, und du bist mein Vater.«

Ich nahm den großen Stock und holte zu einem kräftigen Schlag aus, doch ehe ich michs versah, lag ich auf dem Boden und meine rechte Hand war mir auf den Rücken gedreht. Es schmerzte und ich wurde wütend.

»Das gelingt dir vielleicht mit mir, aber deinen Vater, diesen Koloss, wirst du nicht umwerfen. Er macht dich zum Zahnstocher und fuhrwerkt damit in seinen faulen Zähnen herum«, sagte ich trotzig und noch etwas benommen.

»Kann er nicht. Ich richte seine Kraft gegen ihn. Das ist das Geheimnis der Japaner und Chinesen. Weil sie so klein sind, mussten sie etwas erfinden, um ihre übergroßen Gegner zu besiegen. Sie kehren die Kraft der Gegner um. Das ist der ganze Kniff.«

Ich nickte, aber ich glaubte ihm nicht.

Doch das Schicksal ließ Sami nicht die Zeit, die er brauchte, um unbesiegbar zu werden. Er war nicht einmal zehn, als er handeln musste. Wir spielten bei ihm zu Hause mit den Murmeln, als wir Geschrei im Hof hörten.

Sami stürzte hinaus, die Katze und ich folgten ihm. Unbeholfen standen die Nachbarn in einem Kreis herum, während der Vater

mit einem Stock auf die Mutter einschlug. Sami stürzte sich auf seinen Vater und versetzte ihm einen solchen Schlag, dass dieser von der Mutter zurückwich. Erstaunt, ja fast erschrocken sah er seinen kleinen Sohn an, der sich zwischen ihn und seine Frau gestellt hatte.

»Geh mir aus dem Weg, du Wurm«, sagte der Vater, als er sich wieder gefasst hatte.

Sami breitete die Arme aus und schrie so laut und schrill, dass die Fensterscheiben und Gläser in der Umgebung zerbarsten. Doch schlimmer als das war der Knall von über dreißig Glühbirnen. Die Kette von ohrenbetäubenden Explosionen hörte sich an wie ein Maschinengewehr. Die Nachbarn und der Vater hielten sich die Ohren zu und verfluchten Sami.

Und als hätten sie alle die Nerven verloren, versteckten sich die Nachbarn Schutz suchend hinter dem Vater. Nur ich stellte mich zu Sami, der wie ein Tiger vor seiner Mutter stand. Und ich sah, wie die Mutter sich aufrichtete und stolz lächelte. In diesem Moment kam die Katze und schmiegte sich an Samis Bein.

»Er ist wahnsinnig geworden«, sagte der Vater mit trockener Kehle.

»Niemand fasst meine Mama an!«, schrie Sami.

Und wirklich tat sein Vater seiner Frau nie wieder etwas zuleide. Es wird erzählt, die Nachbarn hätten ihn später gezwungen, alle Glühbirnen zu bezahlen, denn letzten Endes sei es seine Schuld gewesen, dass sie kaputt waren.

Die Mutter strahlte von nun an übers ganze Gesicht. Sogar meine Mutter merkte es. Und die Katze?

Von diesem Tag an lief sie Sami immer nach, wenn er in die Gasse kam, wenn er in die Stadt zum Einkaufen ging oder einfach nur in den Eissalon schlenderte. Immer sah man hinter Sami die Katze. Damals war sie die einzige Katze in Damaskus, die einem Menschen folgte.

»Sie folgt mir nicht, sondern sie begleitet mich. Seit jenem Tag bin ich für sie kein Mensch mehr, sondern ein Tiger, der sich vor zwanzig Nachbarn nicht fürchtet.«

Die Nachbarn aber erzählen bis heute, dass sie noch lange danach schlechte Ohren hatten und dass die Katze allmählich den Verstand verlor, und wenn Katzen den Verstand verlieren, werden sie zu Hunden, und Hunde folgen immer.

Katja Alves

Das Lied von der kleinen Ameise

Ein Gürteltier erkennt man daran, dass es ziemlich viele Gürtel hat. Armando Dillo war ein solches Gürteltier mit einer beachtlichen Anzahl von Gürteln um den Bauch und einem Paar äußerst musikalischer Ohren. Armando Dillo wohnte, wie das oft üblich ist bei Gürteltieren, in Texas. Genau genommen auf der einen Seite einer langen Straße. Wer auf der anderen Seite der Straße wohnte, war Armando Dillo unbekannt. Auf seiner Seite lebten außer ihm noch ein sehr grüner Kaktus und eine Ameise. Aber die zählten nicht. Der Kaktus, weil er von eher schweigender Natur war, und die Ameise, weil ihre Tage gezählt waren. Gürteltiere essen nämlich sehr gerne Ameisen.

»Morgen verspeise ich dich zum Frühstück«, sagte Armando Dillo jeden Abend zur Ameise und leckte sich dabei die Lippen. Die Ameise nickte stumm und ergeben und machte sich noch kleiner, als sie ohnehin schon war. Wenn ich Glück habe, dachte sie, vergisst er sein Vorhaben, und wenn ich Pech habe, dann ist es eben ... Die Ameise überlegte angestrengt, bis ihr ein passendes Wort für das Gefressenwerden einfiel. »Schicksal«, murmelte

Das Lied von der kleinen Ameise

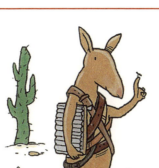

sie schließlich, »dann ist es mein Schicksal.« Doch die Ameise hatte Glück. Wenn Armando Dillo morgens aus seinen süßesten Gürteltierträumen aufwachte, hatte er längst vergessen, dass er sie verspeisen wollte, und mittags war er so faul, dass er nur noch im Schatten des Kaktus liegen mochte. Ganz abgesehen davon, dass ihn, je weiter der Tag fortschritt und je tiefer die Sonne sank, ganz andere Sorgen plagten.

»Du könntest ruhig auch einmal etwas zur allgemeinen Unterhaltung beitragen«, sagte Armando Dillo dann vorwurfsvoll zum Kaktus und sah ihn böse an. Der Kaktus sagte wie üblich nichts und dachte sich seinen Teil.

Armando Dillo seufzte und machte sich daran, sein tägliches Konzert vorzubereiten. Denn Armando Dillo besaß nicht nur jede Menge Gürtel und ein paar musikalische Ohren, sondern auch etwas, das weder der Ameise noch dem Kaktus eigen war. Armando Dillo hatte großes musikalisches Talent und war gewiss der talentierteste Waschbrettspieler im Umkreis von tausend Kakteen. Doch anders, als man vielleicht vermuten könnte, machte das Armando Dillo nicht im Geringsten glücklich. Denn was nützt einem alles Talent der Welt, wenn man nicht das gewünschte Publikum hatte? Und Armando Dillo hatte, abgesehen von der Ameise und dem Kaktus, überhaupt kein Publikum.

Über diese Tatsache ärgerte er sich täglich, an diesem Tag aber ganz besonders. Er streckte die Nase in die Luft und marschierte einen Meter nach rechts. Dann setzte er sich hin und überlegte, ob er trotz seines Ärgers ein bisschen musizieren sollte. Doch alles, was ihm einfiel, war das Lied vom einsamen Gürteltier. Aber das mochte er nicht anstimmen, weil ihn dieses Lied immer zum Weinen brachte.

»Spielst du das lustige Lied von der leckeren Ameise?«, fragte die Ameise vorsichtig und hoffte, ihn damit etwas aufzuheitern. Sie setzte sich in sicherer Entfernung auf einen kleinen Kieselstein und wippte mit den Füßen.

»Reine Zeitverschwendung«, sagte Armando Dillo übellaunig. »Ich mag nicht für eine Ameise und einen stummen Kaktus spielen! Er schnaubte verächtlich durch die Nase. Ein so talentierter Musiker wie ich braucht ein richtiges Publikum.«

»Was ist ein richtiges Publikum?«, fragte die Ameise neugierig.

Armando Dillo verdrehte die Augen: »Das ist wieder mal eine typische, blöde Ameisenfrage! Was ist wohl ein Publikum? Meinesgleichen natürlich! Gürteltiere! Typen wie ich, die mich bewundern, beklatschen und ...«, Armando Dillo begann ein wenig zu kichern, »... die mich beneiden, weil ich so viel Talent habe.«

»Verstehe«, sagte die Ameise ein wenig enttäuscht. Denn ein Gürteltier konnte sie nie und nimmer werden. Dann nahm sie all ihren Mut zusammen: »Sag mal«, flötete sie, »könnte ich nicht auch dein Publikum sein? Schau, wie ich schön klatschen kann.« Die Ameise hüpfte aufgeregt von einem Bein aufs andere.

Doch Armando Dillo schüttelte nur den Kopf. »Du bist kein Publikum«, brummte er. »Erstens, weil du eine Ameise bist, zweitens, weil du von Musik überhaupt nichts verstehst, und drittens ...«

»Aber Ameisen sind sehr musikalisch ...«, rief die Ameise und erschrak ein bisschen über ihren Mut. Doch das Gürteltier winkte ab und brummte etwas von Frühstück, worauf die Ameise beschloss, ihr Schicksal nicht allzu fest herauszufordern.

Dann trottete Armando Dillo entmutigt einen weiteren Meter nach rechts. Jetzt stand er genau vor der Straße. So weit war er noch nie gelaufen. »Hm«, brummte er, »vielleicht sollte ich mal nachsehen, ob mein Publikum zufällig auf der anderen Straßenseite wohnt? Irgendwo muss es ja sein! Und vielleicht ist ja das die Lösung.« Glücklich über seinen plötzlichen Entschluss machte Armando Dillo noch einen Schritt auf die Straße zu.

»Wohin gehst du?«, rief die Ameise erschrocken.

»Ich mache mich auf den Weg zu meinem Publikum«, antwortete das Gürteltier wichtig.

»Ich komm mit!«, rief die Ameise schnell.

»Kommst du nicht!«, antwortete das Gürteltier.

»Komm ich doch!«, sagte die Ameise und stellte sich mutig neben Armando Dillo.

»Pass auf! Wenn ein Auto kommt, bist du platt«, sagte Armando Dillo, »dann kann man dich nicht einmal mehr als Frühstück gebrauchen.« Das Gürteltier kicherte über seinen guten Witz.

»Wenn du von hier weggehst, musst du mich mitnehmen«, sagte die Ameise trotzig.

»Ich wüsste nicht, warum«, antwortete das Gürteltier.

Die Ameise überlegte. Und nach einer Weile sagte sie leise: »Vielleicht, weil ich deine Freundin bin ...?«

Armando Dillo schüttelte den Kopf. »Du bist nicht meine Freundin«, sagte er bestimmt. »Erstens, weil du kein Gürteltier bist, zweitens, weil Gürteltiere Ameisen zum Frühstück verspeisen, und drittens gehe ich jetzt! Tschüss!«

Das Gürteltier schnallte sich seine Gürtel um und ließ die Ameise stehen. Dann marschierte es mit erhobenem Kopf über die Straße. Das Waschbrett zog es an einer langen Schnur hinter sich her. Dabei summte es das Lied von der endlosen Straße. Als er auf der anderen Seite angekommen war, begegnete ihm als Erstes ein Kaktus. Der ist aber schön grün, dachte Armando Dillo. Er grüßte und lief munter weiter. Nach einigen Metern spitzte er seine Ohren. War da nicht Musik zu hören? Sein Herz begann wie wild zu schlagen. Ja, ganz bestimmt! Er hörte Musik. Waschbrettmusik! Armando Dillo rannte so schnell, wie ihn seine kurzen Beine trugen. Und nachdem er ein Dutzend Kakteen passiert hatte, stand er plötzlich vor einem Orchester mit sage und schreibe siebenundsechzig Gürteltieren!

Armando Dillo konnte sein Glück kaum fassen: »Ich grüße euch, mein Publikum!«, schrie er begeistert. Endlich habe ich zu euch gefunden!« Seine Stimme überschlug sich. »Eine kleine Kostprobe meines Könnens gefällig?«

Die Gürteltiere spielten unverdrossen weiter. Niemand beachtete Armando Dillo. Nachdem er eine Weile zugehört hatte, versuchte er es erneut: »Darf ich den hochverehrten Gürteltierschaften etwas vorspielen?«

»Neuankömmlinge hinterste Reihe ganz rechts!«, befahl jetzt ein altes Gürteltier, das ein kleines Stöcklein schwang. »Hier wird nicht vorgespielt! Wir sind ein Orchester. Solisten können wir nicht ausstehen!«

»Ach so«, murmelte Armando Dillo und trottete in die hinterste Reihe. Anfänglich versuchte er noch mitzuhalten, aber schon bald musste er merken, dass er kein einziges Stück beherrschte. Die Gürteltiere, die neben ihm standen, sahen ihn wütend an: »Du verdirbst uns unsere schöne Musik«, schimpfte einer. »Sei still!«, zischte ein anderer.

Nach zwei Tagen und drei schlaflosen Nächten gab Armando Dillo schließlich auf. Er hatte hin und her überlegt, und er war zu dem Schluss gekommen, dass eine Ameise und ein Kaktus vielleicht doch kein so schlechtes Publikum waren. »Ich geh wieder nach Hause«, beschloss er deshalb am dritten Morgen und machte sich auf den Heimweg. Niemand winkte ihm zum Abschied, und selbst die Kakteen, an denen er vorbeilief, schienen ihm mit einem Mal nicht mehr ganz so grün wie auf dem Hinweg.

Armando Dillo wurde immer vergnügter, je näher er der Straße kam. Munter trottete er über die Fahrbahn. Doch dann sah er

plötzlich etwas auf dem Boden liegen. Armando Dillo blieb wie angewurzelt stehen.

»Die Ameise!«, rief er entsetzt.

Die Ameise lag regungslos auf der Straße. Ihre sechs Beine steif und starr von sich gestreckt.

»Sicher ist sie mir gefolgt«, jammerte Armando Dillo. »Und jetzt hat sie ein Auto überfahren! Und ich bin schuld!« Sorgfältig hob er sie auf und lief mit ihr zum Kaktus.

Die ganze Nacht saß er da und beklagte das traurige Schicksal seiner einzig wahren Freundin – der Ameise. »Das hast du jetzt davon«, dachte der Kaktus, sagte aber wie üblich nichts. »Die Ameise war das beste Publikum, das man sich vorstellen kann«, jammerte Armando Dillo. Der Kaktus schwieg. Dann stimmte Armando Dillo das schönste Lied an, das er jemals gespielt hatte: das Lied von der kleinen Ameise.

»Das ist aber schön. Ist das für mich?«, fragte plötzlich ein feines Stimmchen.«

»Du bist nicht tot?«, rief das Gürteltier erfreut.

Das Lied von der kleinen Ameise

»Nein«, kicherte die Ameise. »Ich habe wohl bloß ein bisschen zu viel Sonne erwischt, als ich auf dich wartete. Ich habe deine Musik nämlich mächtig vermisst, und da dachte ich, vielleicht kommst du ja wieder zurück ...«

»Du bist das beste Publikum der Welt!«, rief Armando Dillo. »Von heute an spiele ich nur noch für dich!«

»Willst du mich jetzt nicht mehr zum Frühstück essen?«, fragte die Ameise vorsichtig.

Armando Dillo schüttelte den Kopf: »Nie im Leben. Man isst Freunde doch nicht zum Frühstück!«

Fredrik Vahle
Fischbrötchen
Aus dem Leben einer naseweisen Schildkröte

Fischbrötchen denkt an Salat. Hat Hunger auf Salat. Träumt von Salat. Ein schönes, gutes Blatt Salat wünscht sie sich, das ganz mampfig und ganz knackezart nach Salat schmeckt.

Aber weit und breit ist kein Salat zu sehen, noch nicht mal ein winziges grünes Fitzelchen Salat.

Da tönt eine Stimme aus dem Nebenzimmer:

»Da ham wir den Salat!«

»Oh, Salat«, denkt Fischbrötchen, »da muss ich hin.«

Aber in der Küche findet sie keinen Salat. Nur eine ärgerliche Hausfrau, die schimpft, weil jemand seine dreckigen Gummistiefel neben den Schokoladenpudding gestellt hat, weil die Suppenkelle in die Sauce gefallen ist und das Katzenklo auf dem Fernseher steht.

»Da ham wir den Salat!«, hat die Hausfrau gesagt.

Aber hier ist ja gar kein Salat zu holen, nicht mal ein winziges grünes Fitzelchen Salat. Also versucht Fischbrötchen, anderswo Salat zu finden, und läuft hinaus auf die Straße.

Sie kommt zum Metzger und fragt: »Ham Sie Salat?«

»Natürlich«, sagt der Metzger: »Frischen Fleischsalat ham wir!«

»Salat von toten Tieren esse ich nicht«, sagt Fischbrötchen. »Blattsalat ist mir lieber, und wenn's nur ein winziges grünes Fitzelchen ist!«

»Hol dir doch dein Fitzelchen, wo der Pfeffer wächst!«, sagt der Metzger.

»Aha«, sagt Fischbrötchen. »Da muss ich nur noch rauskriegen, wo der Pfeffer wächst, und schon habe ich den Salat.«

Also geht sie wieder auf die Straße. Auf der Straße fährt ein Auto durch eine Pfütze und spritzt einen Mann mit Dreckwasser nass.

»Pass gefälligst auf, du Ferkel«, sagt der Mann zum Autofahrer.

»Guck erst mal dich selber an«, sagt der Autofahrer zum Mann.

»Da ham wir den Salat«, sagt die Frau vom Mann, »dein schöner Anzug ist hinüber.«

»Wieder kein richtiger Salat, nicht mal ein winziges grünes Fitzelchen«, sagt Fischbrötchen, aber sie fragt die beiden, ob sie wissen, wo der Pfeffer wächst.

»Wie soll ich denn das wissen«, sagt der Mann und ärgert sich weiter über den Autofahrer. Aber die Frau sagt:

»Wenn das hier jemand weiß, so kann das nur Ali von der Imbissstube sein.«

Aber Ali aus der Imbissstube weiß auch nicht, wo der Pfeffer wächst, und grünen Salat hat er auch nicht da.

»Aber vielleicht beim Italiener«, sagt Ali, »da kannst du dir einen Salat bestellen.«

Fischbrötchen geht in das Restaurant vom Italiener und was bekommt sie: einen italienischen Salat!

Aber kein winziges grünes Fitzelchen Salat ist zu sehen, zuerst muss sie sich durch die Zwiebelringe durchessen, dann durch die Mayonnaise und den Thunfisch und schließlich durch die Oliven.

Dann ist sie erst mal satt. Und die schönen grünen Salatblätter hat sie immer noch nicht gefunden.

Also geht sie wieder nach draußen und trifft die Schnecke.

»Wo willst du denn hin?«, fragt Fischbrötchen.

»Wir Schnecken sagen nie, wo wir hinwollen, weil wir dann immer als Letzte ankommen, und dann ist kein Salat mehr für uns da, nicht mal ein kleines, winziges grünes Fitzelchen. Du kannst dich höchstens anstellen und hinter mir herlaufen«, sagt die Schnecke.

»Oh, Salat«, sagt Fischbrötchen. »Wie sehr bin ich hinter Salat her, und wenn's nur ein winziges grünes Fitzelchen ist. Jetzt bin ich zwar ziemlich satt. Aber bis wir da sind, habe ich sicher wieder einen guten Hunger auf Salat«, sagt Fischbrötchen und so war es auch.

Fast eine ganze Stunde läuft sie hinter der Schnecke her. Und wo kommen sie dann hin?

Zu einem großen, mampfigen und knackezarten Salatblatt, und das essen sie beide zusammen, bis auf das letzte winzige grüne Fitzelchen.

»Da ham wir den Salat!«, sagt Fischbrötchen zufrieden. Und diesmal ist es wirklich so.

Jürg Schubiger

Am Meer gewesen

Wir sind am Meer gewesen, der Mann und ich. Da, wo das endlose Salzwasser anfängt. Wir sind davor gestanden, einer neben dem andern. Schau, hat der Mann gesagt. Aber das war nicht nötig, ich schaute schon.

> Ich bin die Sau,
> der Mann ist schlau,
> das Meer ist fern von Herisau.

Fern ist es nur dann, wenn man den langen Weg zum Meer eben erst unter die Beine genommen tat. Tip, tip, tip, tip. Eines schönen Tages.
 Der Weg war also unter meinen Beinen und über meinem Rücken der blanke Himmel, und dazwischen, genau in der Mitte, war ich. Es roch nach Morgen, nach grünen Gärten, nach Minze und Moos.
 Ich kam am Haus des Mannes vorbei, der vor seiner Tür stand, der sich streckte und beugte, streckte und beugte.
 Entschuldigung, rief ich, geht's da zum Meer?
 Was willst du dort?, fragte der Mann und schnaufte dazu.

Das wusste ich nicht. Ich wollte einfach endlich einmal dahin.
Um aufs Wasser zu schauen?, fragte er.

Ja, sagte ich: Am Abend, wenn es rot ist vom Abendrot. Das Meer ist nämlich sehr, sehr –

Das habe ich auch gehört, sagte er. Am liebsten käme ich mit.

Tip, tip, tip, tip, trap, trap. So waren wir also zu zweit. Der Weg ging abwärts und die Sonne stieg empor. Es wurde warm. Ich suhlte mich in einer feuchten Wiese. Es wurde heiß. Ich fragte: Bist du sicher, dass wir das Meer vor uns haben und nicht hinter uns?

Ja, sagte der Mann, hundert Prozent. Hinter uns sind die Berge. Hast du je ein Meer auf einem Berg gesehen?

Ich habe noch nirgendwo ein Meer gesehen.

Ich auch nicht. Aber ich denke, es muss im Tal zu finden sein, wo das Wasser sich sammelt.

Tatsächlich. Darauf hätte ich auch selber kommen können.

Der Weg war eng und steil. Wir gingen einer hinter dem andern. Der eine war fast immer ich, der andere er.

Schau, sagte der Mann. Er zeigte in eine tiefe Schlucht.

Wir gingen weiter.

Unsere Schatten waren unterdessen lang geworden. Das heißt, der Schatten des Mannes war lang und meiner war breit.

Wir legten uns unter einen Baum, über dem der Mond stand. Das schwarze Laub fing mitten in der Nacht zu rauschen an. Wir wussten nicht, ob wir uns fürchten sollten. Ein wenig hatten wir Angst und ein wenig hatten wir keine Angst. Das Rauschen war jetzt überall und ringsherum. Auch meine Ohren rauschten.

Am Meer gewesen

Wie das Meer, dachte ich.

Wie das Meer!, rief der Mann.

Am Morgen streckte und beugte er sich und schnaufte dazu. Es regnete leicht. Wir gingen weiter, tip, tip, tip, tip, trap, trap, auf unseren sechs Beinen.

Auf einem Markt im nächsten oder übernächsten Dorf aß ich Rübenkraut und welken Salat. Der Mann aß eine Gulaschsuppe. Damit ich ihn nicht schlürfen hörte, schmatzte ich.

Du schmatzt, sagte er.

Du schlürfst, rief ich.

Na und, brüllte er.

Ich erschrak und schwieg.

Es regnete. Der Mann kennt nur zwei Arten von Wetter: gutes und schlechtes. Der Regen gehört für ihn zum schlechten Wetter. Wir gingen weiter. Tipf, tipf, tipf, tipf, trapf, trapf. Die Wolken zogen herdenweise über unsere Köpfe. Wer eine solche Herde hüten will, hat viel zu tun.

Als es Abend wurde, wollte der Mann ins Trockene. Wir nahmen ein Zimmer in einem Hotel. Ich richtete mich auf dem Teppich ein. Er legte sich aufs Bett, machte das Licht an und raschelte mit einer Zeitung. In der Nacht stand er auf und nahm einen großen Schritt über mich hinweg. Ich hörte ihn pinkeln. Etwas stimmte nicht mehr mit uns. Meine Seele war wie eingeschrumpft.

Als ich erwachte, war er nicht mehr da. Nicht im Bett, nicht im Bad, nirgends. Ich ging hinaus. Meine Beine fanden den Weg. Tip, tip, tip, tip. Der Himmel über meinem Rücken war grau. Es regnete nicht mehr. Aber es roch nach Regen. Und nach Rhabarber.

Das Land war jetzt flach wie ein Eimerboden. Das Wasser lief hier nicht, es stand in langen Gräben um die Wiesen herum.

Ich fragte eine Bäuerin: Entschuldigung, geht's da zum Meer?

Zum Meer?, rief sie.

Zum Meer!, rief ich zurück.

Sie wusste es nicht. Die Kuh, die neben ihr graste, hob den Kopf und schaute mich an. Ich grüßte die Bäuerin und winkte der Kuh und marschierte weiter.

Die Ferne kam aber nicht näher, im Gegenteil. Die Telefonmasten standen in Reihen, die immer länger wurden, die Bäume auch. Ein Zug fuhr von einem Himmelsrand zum anderen.

Ich hatte vom Mann geträumt in der vorigen Nacht. Schau, hatte er im Traum gesagt. Mehr wusste ich nicht mehr und mehr ist es wohl auch nicht gewesen. Im Traum mochte ich ihn. Ich mochte ihn auch außerhalb des Traumes. Das merkte ich, als wir uns später wieder sahen. Vorher aber kam eine lange Nacht.

Am Meer gewesen

An einer Tankstelle, die hell im Dunkeln stand, fragte ich nach dem Weg. Man wusste hier viele Wege zum Meer, mit Abzweigungen und Abkürzungen. Die Erklärungen verwirrten mich. Ich ging weiter. Mein Kopf war so leer wie mein Bauch. Das linke Hinterbein schmerzte. Ich setzte mich an den Straßenrand. Und da schlief ich dann ein.

Als ein Bus neben mir hielt und seine Türen schnaubten, war es Tag. Eine Frau zwängte sich hinein und ich folgte ihr. Der Bus war voll. Es roch nach Menschen und nach Seife. Nach einem Halt stand er dann plötzlich neben mir, der Mann, stumm und staubig. Er zupfte mich am Ohr. Wir freuten uns. An der Endstation stiegen wir aus.

Was wir jetzt brauchen, sagte er, ist eine Tasse Kaffee. Er ging voraus, quer über den Platz. Die Kirchenglocken läuteten. Sie tönten so laut, dass mein Kopf zu baumeln anfing.

Auf den Stufen der Kirchentreppe standen Hochzeitsleute aufgereiht. Die weiße Braut zeigte auf uns und schrie. Sie wollte mich auf dem Foto haben. Das brachte Glück.

Sie lud mich zum Hochzeitsmahl ein und den Mann dazu. Wir aßen und tranken, schlürften und schmatzten.

Als wir wieder auf der Straße standen, sang der Mann:

> Du bist die Sau,
> ich mach Radau,
> das Meer ist fern von Herisau.

Ich sah ihn kaum, so finster war es, aber ich hörte seine Stimme und roch sie.

Wir gingen weiter. Tip, tip, tip, tep, trap, trap. Hinkst du?, fragte der Mann. Wir setzten uns hin. Er griff in seine Tasche. Er hatte darin eine Salbe und damit salbte er mein humpelndes Hinterbein. Dann sagte er: Schau. Wir blickten zum Himmel hinauf. Alle Sterne waren erschienen in dieser Nacht. Es gab solche, die blinzelten. Manche standen in kleinen Scharen beisammen und ergaben miteinander ein Bild. Der Mann zeigte mir den Großen Bären und den Kleinen Bären. Beide sahen gar nicht wie Bären aus.

Es sind vielleicht besondere Bären, meinte der Mann, eine seltene oder ausgestorbene Art.

Der Kleine Bär sieht eher aus wie ein Schwein, sagte ich, ein kleines Schwein.

Der Mann war einverstanden.

Zwei Tage später, tip, tip, tip, tip, trap, trap, kamen wir auf einen Hügel. Endlich: das Meer, rot vom Abendrot, quer vor uns. Wir liefen hinunter zum Strand. Wir schauten hinaus, einer neben dem andern.

> Ich bin die Sau,
> der Mann ist schlau,
> das Meer liegt vor uns,
> leis und lau.

Schau, sagte der Mann.

Es dunkelte. Das Wasser rauschte leicht und regelmäßig.

Wir waren uns einig, der Mann und ich: Das Meer ist wirklich sehr, sehr – Aber ein bisschen langweilig ist es auch.

Am Meer gewesen

Dorothee Haentjes

Schaf ahoi

Auf einer kleinen Insel in der Nordsee, nicht weit vom Festland und doch schon mitten im Meer, lebte der Bauer Ole. Wenn Ebbe war, zog sich das Wasser zurück. Dann lag zwischen der Insel und dem Festland nur das Watt.

Wenn aber ein paar Stunden später wieder die Flut kam, lugte von der Insel nur noch die kleine grüne Kuppe mit Bauer Oles Haus hervor.

Im Stall neben dem Bauernhaus wohnte Bauer Oles Schafherde. Jeden Morgen ließ Ole die Schafe heraus auf die grüne Kuppe, und abends, wenn sie genug gegrast hatten, ließ er sie durch die halbhohe Stalltür wieder herein. Immer schön eins nach dem anderen, damit er zählen konnte, ob die Herde vollzählig war. Leider erging es ihm dabei oft so wie den meisten Leuten, die Schafe zählen: Bauer Ole schlief darüber ein.

Berthold war ein Jungschaf in Bauer Oles Herde. Weil er keine Geschwister hatte, war seine Mutter sehr um ihn besorgt, und sie achtete darauf, dass er etwas lernte – über das Meer, den Wind und das Schafleben im Allgemeinen.

Und wenn er zusammen mit den anderen Jungschafen zu nah am Wasser graste, rief sie ängstlich: »BÄÄÄRTHOLD!« Das ging Berthold jedes Mal durch Mark und Bein.

Eines Tages tuschelten die Jungschafe oben auf dem Hügel miteinander. Berthold ließ seine Ohren vom Wind nach hinten wehen und lauschte. Er schnappte die Worte abhauen, Festland und Abenteuer auf.

»Nehmt ihr mich mit?«, fragte er.

Die anderen sahen ihn hämisch an.

»Das ist nichts für dich, BÄÄÄRTHOLD«, antwortete das stärkste Jungschaf. »Muttersöhnchen können wir nicht brauchen.«

Berthold ließ sich nicht beirren.

»Wie wollt ihr denn hinüber kommen?«, fragte er.

»Na, wie wohl? Heute Abend bei Ebbe durchs Watt«, antwortete ein anderes Schaf.

»Bei Dunkelheit durchs Watt, das ist ziemlich gefährlich«, sagte Berthold. »Man sinkt mit den Hufen ein. Und wenn ihr nicht drüben seid, bevor das Wasser zurückkommt ...«

»Mach dir um uns keine Sorgen, du Besserwisser«, unterbrach ihn der Anführer. »Und überhaupt? Was geht dich unser Abenteuer an?«

»Bleib schön bei Mami und lern etwas, du Streber. Über den Wind, das Meer und das Schafleben im Allgemeinen«, lachte das frechste Schafsmädchen. »Von uns aus kannst du auf der Insel bleiben, bis du schwarz wirst.«

»BÄÄÄRTHOLD!«, blökten die Jungschafe gemeinsam und schlugen vor Vergnügen mit den Hinterläufen aus.

Als es am Abend dunkel wurde, stellte sich Bauer Ole an die Stalltür und zählte wieder jedes einzelne Schaf, das in den Stall hineinlief: »Eins, zwei, drei, vier, fünf«, begann er. »Sechs, sieben, acht ...« Beim neunten Schaf zählte Ole nicht mehr. Und beim zehnten machte er nur noch: »Chrrr, chrrr, püüü!«

Als alle Schafe im Stall waren, wachte Ole wieder auf, schloss die halbhohe Stalltür und ging ins Haus.

Nun war es still auf der ganzen Insel. Alle schliefen.

Nur einer war noch wach: Berthold. Er sah in den Abendhimmel. Er hatte genau gemerkt, dass nicht alle Schafe zurück in den Stall gelaufen waren, als Ole beim Zählen eingeschlafen war.

Berthold überlegte lange. So lange, bis die Wellen wieder auf die Insel und das Festland zurauschten.

Schaf ahoi 39

Jetzt oder nie! Berthold stand auf. Er nahm alle Kraft zusammen und sprang aus dem Stand über die halbhohe Stalltür hinaus ins Freie. Ohne sich umzusehen lief er die grüne Kuppe der Insel hinunter, bis dorthin, wo Oles Kahn lag.

Berthold sprang hinein und durch den Schwung rutschte der Kahn vollends ins Wasser.

Es schaukelte ganz schön. Berthold betrachtete die Wellen. Er wusste, dass die Flut ihn ans Festland treiben würde.

Berthold lehnte sich zurück. In diesem Fall war es wirklich praktisch, etwas über den Wind, das Meer und das Schafleben im Allgemeinen gelernt zu haben.

Je näher Berthold dem Festland kam, umso deutlicher sah er den Deich und die weißen Punkte darauf. Das musste eine Schafherde sein! Und je deutlicher Berthold deren Blöken vernahm, desto bekannter kamen ihm die Stimmen vor.

Schaf ahoi

Mit einem lauten Knirschen stieß der Kahn an Land.

»Was machst du denn hier?« Der Anführer der Jungschafe sah ihn erstaunt an.

»Ich erlebe mein eigenes Abenteuer«, antwortete Berthold. »Und ihr? Was ist mit eurem Abenteuer?«

»Naja«, druckste das frechste Schafsmädchen herum. »Es ist ziemlich gefährlich, im Dunkeln durchs Watt zu laufen. Man sinkt mit den Hufen ein. Und beinahe hätte uns die Flut erwischt.«

Berthold wurde hellhörig. »Traut ihr euch etwa nicht mehr zurück?«

Die anderen schwiegen verlegen.

Berthold überlegte kurz. »Es gibt zwei Möglichkeiten: Entweder ihr wartet hier, bis ihr schwarz werdet, oder«, er machte eine bedeutungsvolle Pause, »oder ihr steigt in meinen Kahn und hört auf mein Kommando.«

So wie die Schafe jeden Abend in Oles Stall hineinliefen, sprangen sie jetzt nacheinander in das Boot.

Nun ging die Fahrt zurück, denn mittlerweile hatte die Ebbe eingesetzt, und Bertholds Kahn entfernte sich gemütlich schaukelnd vom Festland und trieb zurück in Richtung Insel.

Doch plötzlich zogen dichte Wolken über das Wasser, sodass die Schafe bald nicht mehr ihre Hufe vor den Augen sehen konnten. Nur das Tuten der Schiffsnebelhörner drang zu ihnen.

»Nebel auf dem Meer«, sagte das Schafsmädchen, »das ist mindestens so gefährlich wie Dunkelheit im Watt. Was sollen wir jetzt machen, Berthold?«

»Verlasst euch nur auf mich«, antwortete Berthold. »Denn ich kenn mich aus mit dem Wind, dem Meer und dem Schafleben im Allgemeinen.«

Er reckte den Kopf in den Wind, holte Luft und blökte laut: »MAAA-MAAA!«

Und ganz leise und von Ferne vernahmen Berthold und die Jungschafe eine Stimme: »BÄÄÄRTHOLD! BÄÄÄRTHOLD!«

Triumphierend drehte Berthold sich um. Wer hatte schon eine Mutter, die man als Nebelhorn gebrauchen konnte?

»Ruder rechts!«, kommandierte er.

Und die übrigen Jungschafe gehorchten ihm plötzlich sehr gern.

Als der Kahn auf Oles Insel auffuhr, sprangen die Jungschafe an Land. Der Nebel war so dicht, dass jenseits der grünen Kuppe nichts mehr zu sehen war. Berthold verließ den Kahn als Letzter.

»Bääärthold«, krächzte seine Mutter ganz heiser. »Junge, wo steckst du denn bloß? Bei dem Nebel!«

»Ich habe mit den anderen gespielt«, antwortete Berthold. »Wir haben uns in Oles Kahn versteckt.«

»In Oles Kahn?«, krächzte Bertholds Mutter. »War das denn nicht zu gefährlich, so nahe am Wasser?«

»Bestimmt nicht, Mama«, antwortete Berthold. »Wir Jungschafe wissen doch schon so manches über den Wind, das Meer und das Schafleben im Allgemeinen.«

»Na, dann ist es ja gut«, antwortete Bertholds Mutter. Und dann trieb sie ihren Sohn mit der Nase auf den Stall zu, wo Ole schon an der halbhohen Stalltür stand, um die Schafe zu zählen.

Schaf ahoi

Goldlöckchen und die drei Bären

Es waren einmal drei Bären. Sie lebten in einem Haus am Wald. Der erste Bär war riesengroß, der zweite Bär war mittelgroß und der dritte Bär war winzigklein.

Jeder Bär hatte ein passendes Bett, einen passenden Stuhl und einen passenden Teller. Der große Bär hatte einen riesengroßen Teller, der mittlere Bär hatte einen mittelgroßen Teller und der kleine Bär hatte einen winzigkleinen Teller.

Eines Tages gingen die drei Bären wie jeden Morgen in den Wald. Und wie jeden Morgen kochten sie zuvor ihren Frühstücksbrei und füllten ihn in die Teller, damit er abkühlen konnte, bis sie zurückkamen. Schon manches Mal hatten sie sich die Schnauze verbrannt, weil der Brei noch viel zu heiß war.

Kaum waren die drei Bären im Wald verschwunden, kam ein kleines Mädchen und schlich um das Bärenhaus. Ihr Name war Goldlöckchen.

Erst schaute sie zum Fenster hinein. Dann guckte sie durch das Schlüsselloch – es war niemand war zu Hause. Und so ging Goldlöckchen einfach ins Haus, denn die Bärentür war niemals verschlossen.

Goldlöckchen und die drei Bären 47

Goldlöckchen war ziemlich hungrig und freute sich über die Maßen, als sie auf dem Tisch drei Teller mit Brei sah.

Zuerst probierte sie den Brei des großen Bären. Er war viel zu heiß. Dann probierte sie den Brei des mittleren Bären. Der war viel zu kalt. Der Brei des kleinen Bären aber war goldrichtig und schmeckte vorzüglich.

Goldlöckchen aß alles auf.

Goldlöckchen wollte sich ein bisschen ausruhen und setzte sich auf den Stuhl des großen Bären. Der war viel zu hart. Dann probierte sie es mit dem Stuhl des mittleren Bären. Der war viel zu weich. Der Stuhl des kleinen Bären aber war genau richtig.

Goldlöckchen war ganz zufrieden, bis es plötzlich »kracks« machte und sie auf dem Fußboden landete.

Weil Goldlöckchen auf einmal furchtbar müde wurde, ging sie die Treppe hinauf in die Schlafkammer der drei Bären. Sie kletterte in das Riesenbett des großen Bären. Das war viel hoch und gar nicht gemütlich, denn sie kam sich darin sehr verloren vor. Dann legte sie sich in das Bett des mittleren Bären, in dem viel zu viele Kissen waren. Das Bett des kleinen Bären aber war genau richtig! Goldlöckchen deckte sich gut zu, drehte sich auf die Seite und schlief sofort ein.

In der Zwischenzeit waren die Bären wieder nach Hause gekommen. Sie bemerkten sofort, dass etwas nicht stimmte.

»Jemand hat von meinem Teller gegessen!«, sagte der große Bär mit seiner großen, tiefen Stimme.

»Jemand hat von meinem Teller gesessen«, sagte der mittlere Bär mit seiner mittleren Stimme.

»Jemand hat von meinem Tellerchen gegessen und alles restlos aufgeputzt!«, piepste der kleine Bär mit seiner winzigkleinen Stimme.

Dann sahen die Bären ihre Stühle, die nicht mehr an ihrem Platz standen.

»Jemand hat auf meinem Stuhl gesessen«, sagte der große Bär mit seiner großen, tiefen Stimme.

»Jemand hat auf meinem Stuhl gesessen«, sagte der mittlere Bär mit seiner mittleren Stimme.

»Jemand hat auf meinem Stühlchen gesessen und es kaputtgemacht!«, piepste der kleine Bär mit seiner winzigkleinen Stimme.

Da wollten sie diesen Jemand suchen und gingen in ihre Schlafkammer.

»Jemand hat in meinem Bett gelegen!«, sagte der große Bär mit seiner großen, tiefen Stimme.

»Jemand hat in meinem Bett gelegen und alles verwühlt!«, sagte der mittlere Bär mit seiner mittleren Stimme.

Das Bett des kleinen Bären aber sah aus wie immer. Doch auf dem Kopfkissen, da ruhte der Kopf von Goldlöckchen.

»Jemand hat in meinem Bettchen gelegen und liegt immer noch da!«, piepste der winzigkleine Bär.

Goldlöckchen schlief tief und fest. Im Schlaf hörte sie die Stimme des großen Bären, aber es schien ihr nur das Rauschen des

Windes und ein ferner Donner zu sein. Sie hörte die Stimme des mittleren Bären, und es kam ihr vor, als spräche jemand im Traum.

Als sie aber die schrille Piepsstimme des kleinen Bären hörte, da wachte sie auf.

Goldlöckchen erschrak, als sie die drei Bären vor sah. Sie hüpfte aus dem Bett, sprang aus dem offenstehenden Fenster und lief in den Wald hinein.

Die drei Bären, der große, der mittlere und der winzigkleine, sahen und hörten nie wieder von ihr.

Hiltrud Conrad

Durch dick und dünn

Bertha ist dünn. Gert ist dick.

Im Sommer war's. Da standen sie beide beim Eismann an. Gert hinter Bertha. Als Gert dran war, war Schoko aus. Gert ärgerte sich. Sehr. Er wurde ganz weiß vor Wut. Und dann rot vor Freude. Denn Bertha schenkte ihm einfach ihre Portion. Schoko mit Nussstückchen drin. Gert kaufte Bertha dafür Himbeer mit Sahne.

Sie schleckten an ihrem Eis. Bertha langsam und bedächtig. Gert schnell und gierig.

Gert merkte, dass Bertha ihn erstaunt beobachtete. Da erzählte er ihr, dass er als ganz kleiner Junge immer Nussecken bekommen hatte, wenn ihm etwas fehlte. Und das war ziemlich oft. Seine Eltern zankten sich dauernd und vergaßen ihn dabei. Oder sie ließen ihre Wut, die sie aufeinander hatten, an ihm aus. Und das hieß dann: Es setzte Schelte für Gert. Grundlos. Die nette Bäckersfrau von nebenan wusste das. Deshalb verkroch er sich oft bei ihr und ihren Nussecken, wenn zu Hause dicke Luft war.

Seitdem bekam Gert immer Lust auf Schoko und Nüsse, wenn er alleine und einsam war. Und das war er meistens. Vor ein paar Monaten hatten sich seine Eltern getrennt. Gerts Mutter hatte die Streiterei nicht mehr ausgehalten und die Familie verlassen. Wohin, das wusste Gert nicht genau. Nun war er mit seinem Vater und dessen neuer Frau weggezogen in eine fremde Stadt. In Berthas Stadt. Besser wurde dadurch nichts.

Bertha lebte schon immer hier. Sie hatte eine Menge Freunde. Und ihre Eltern fand sie ziemlich in Ordnung. Nur einmal war sie sehr enttäuscht von ihnen gewesen. Sie hatten ihr einen Hund versprochen. Aus dem Tierheim. Und dann bekam sie ihn doch nicht. Zu viel Arbeit, so ein Tier, meinte die Mutter. Zu viel Verantwortung für ein fünfjähriges Mädchen, meinte der Vater. Bertha weinte, bis es Nacht war. Und dann machte sie sich heimlich auf zu der netten Frau Selig aus der Nachbarschaft. Die hatte einen Hund. Und einen großen Garten. Nur, Frau Selig war nicht da. Bertha wollte warten. Aber der Garten war schrecklich unheimlich im Dunkeln. Bertha bekam solche Angst, dass sie traurig wieder nach Hause ging. Ihre Eltern hatten auch Angst gehabt. Um sie. Zur Feier des Tages gab es Schokotorte zum Frühstück. Und gleich am Mittag bekam Bertha eine Schildkröte.

Bertha brachte Gert zum Lachen mit ihrer Geschichte. Und auch ein bisschen zum Weinen. Das Eis war längst alle. Gert holte neues. Dieses Mal Vanille und Ingwer. Für beide. Dann erzählte er Bertha seinen geheimen Traum. Ein Schiff wollte er bauen. Mit vielen Segeln. Und noch mehr Möwen drum herum. Mit ihnen würde er dahin fahren, wo immer Sommer ist. Wo Blumen blühen. Wo die Sterne die Nacht erleuchten. Und wo die Berge zum Greifen nahe sind. Dort würde er Bücher schreiben über all das und über all die anderen schönen Dinge, die er sich wünschte.

Und plötzlich hatten sich die beiden an den Händen. Ganz zart und fest. Seit diesem Augenblick waren sie dicke Freunde. Gert und Bertha. Bertha und Gert.

Jeden Tag nach der Schule trafen sie sich in Frau Seligs Garten. Sie spielten mit dem Hund und der Schildkröte. Oder sie dachten sich Abenteuer aus. Meistens spielten die am Meer. Denn davon träumten sie beide. Und davon, wie sie gemeinsam durch dick und dünn gehen würden. Manchmal brachte Gert auch Bücher mit. Er las Bertha Wildwestgeschichten vor und Gedichte. Das waren Gerts einzige Freunde. Bücher und Nussecken. Jetzt konnte er sie endlich teilen. Mit Bertha.

Bertha begann beides zu lieben. Die Bücher genauso wie die Nussecken. Und Gert liebte Berthas Art, ihn aufzuheitern. Sie kletterte dann wie ein Affe auf Frau Seligs riesigen Apfelbaum

und bombardierte ihn mit Früchten. Oder sie schlug Räder, dass sie schwindelig wurde. Oder sie machte Kopfstand im Salatbeet. So lange, bis Gert vor Lachen japste und seinen dicken Bauch halten musste.

Manchmal machten sie auch Radtouren. Irgendwohin, wo sie sich in eine Wiese legen konnten und in den Himmel schauen. Stundenlang. Einfach so. Dann war selbst Bertha still. Denn dann hielten sie sich an den Händen. So ging das den ganzen Sommer über. Bertha und Gert konnten sich gar nicht vorstellen, jemals wieder ohne einander zu sein.

Und doch nahm Bertha Gert nie mit zu ihren alten Freunden. Nicht ins Schwimmbad. Nicht zum Federballspielen. Gert fiel das gar nicht weiter auf. Er war ja sowieso nicht gerade sportlich. Und für ihn war das Zusammensein mit Bertha alles. Er vermisste nichts.

Aber eines Tages, es war schon beinahe Herbst, hatte Frau Selig eine Idee. Ein Gartenfest wollte sie machen. Für Bertha und Gert und all ihre Freunde. Mit Lampions, Musik und vielen Nussecken. Gert war ganz gerührt vor Glück. Bertha wurde weiß vor Schreck. Gert konnte das gar nicht verstehen. Da wurde Bertha rot vor Scham und rückte heraus mit der Sprache. Sie hatte Angst, dass die anderen sie hänseln könnten wegen Gert. Weil er so anders war.

Gert weinte, weil er dick war, und fühlte sich schrecklich einsam. Wieder einmal. Bertha weinte auch. Weil sie Gert wehgetan hatte. Und sie fühlte sich sehr dumm.

An diesem Nachmittag sang Gert zum ersten Mal ein Lied für Bertha. Er konnte wunderschön singen. Von Rosen und Räubern, von Zwergen und Riesen, von Wolken und Sehnsucht. Irgendwann summte Bertha mit. Und dann sangen sie so lange zusammen ihre Melodie, bis es Abend wurde und der Mond aufging. Da hielten sie sich wieder an den Händen. Zart und fest.

Aber am nächsten Tag kam Gert nicht zum Garten. Am übernächsten auch nicht. Und auch nicht die Woche darauf. Bertha wartete, bis es kalt und Winter war und sie wegen der Kälte zu Hause bleiben musste. Sie verkroch sich und wurde ganz traurig. Besonders dann, wenn ihre Mutter Musik auflegte oder Nussecken buk.

Kurz vor Weihnachten kam endlich eine Karte von Gert. Aus einer fremden Stadt. Vorne war ein Segelschiff zu sehen. Gert war abgehauen. Er hatte jetzt einen Hund. Mit dem konnte er überall hingehen. Auch im Dunkeln.

E. E. Cummings

Der Elefant und der Schmetterling

*Aus dem Englischen von
Hanne Gabriele Reck*

Es war einmal ein Elefant, der den ganzen Tag nichts tat. Er lebte allein in einem kleinen Haus weit weg am äußersten Ende einer gewundenen Straße.

Vom Hause des Elefanten schlängelte sich diese gewundene Straße hinab und hinab, bis sie in einem grünen Tal ankam, wo ein anderes kleines Haus stand, in dem ein Schmetterling wohnte.

Eines Tages saß der Elefant in seinem kleinen Haus und schaute aus dem Fenster und tat nichts (und dabei war ihm sehr wohl, denn das war es, was er am liebsten tat); da sah er jemanden die gewundene Straße herauf und herauf zu seinem kleinen Haus kommen; er machte die Augen weit auf und war sehr überrascht.

»Wer könnte denn das sein, der hier heraufkommt, die gewundene Straße entlang und entlang zu meinem Haus?«, sagte der Elefant zu sich selbst.

Und gleich darauf sah er, dass es ein Schmetterling war, der richtig vergnügt die gewundene Straße entlanggaukelte; und der

Elefant sagte: »Meine Güte, ich möchte wissen, ob er mich besuchen kommt!«

Als der Schmetterling näher und näher kam, war der Elefant in seinem Herzen immer aufgeregter und aufgeregter. Über die Stufen des kleinen Hauses kam der Schmetterling herauf und er klopfte mit seinem Flügel ganz sacht an die Tür. »Ist jemand drinnen?«, fragte er. Der Elefant freute sich wirklich sehr, aber er wartete noch. Da klopfte der Schmetterling zum zweiten Mal mit seinem Flügel, ein wenig kräftiger, aber immer noch sehr sachte, und sagte: »Bitte, wohnt hier jemand?«

Der Elefant sagte immer noch nichts, weil er vor Freude nicht sprechen konnte.

Zum dritten Mal klopfte der Schmetterling, diesmal ziemlich laut, und fragte: »Ist jemand zu Hause?«

Und diesmal antwortete der Elefant mit zitternder Stimme: »Ja.« Der Schmetterling guckte zur Tür hinein und sagte: »Wer bist du, der in dem kleinen Haus wohnt?«

Und der Elefant guckte zu ihm hinaus und antwortete: »Ich bin der Elefant, der den ganzen Tag nichts tut.«

»Oh«, sagte der Schmetterling, »darf ich hineinkommen?«

»Ja bitte«, sagte der Elefant mit einem Lächeln. Weil er sich sehr freute. So stieß der Schmetterling einfach mit seinem Flügel die kleine Tür auf und ging hinein.

Es waren einmal sieben Bäume, die wuchsen an der gewundenen Straße.

Und als der Schmetterling mit seinem Flügel die Türe aufstieß und in das kleine Haus

Der Elefant und der Schmetterling

des Elefanten ging, sagte ein Baum zu einem anderen Baum: »Ich glaube, es wird bald regnen.«

»Die gewundene Straße wird ganz nass sein und herrlich duften«, sagte ein anderer Baum zu einem anderen Baum. Dann sagte wieder ein anderer Baum zu wieder einem anderen Baum: »Wie gut für den Schmetterling, dass er geschützt ist im kleinen Haus des Elefanten, denn da macht ihm der Regen nichts aus.«

Aber der kleinste Baum sagte: »Ich spüre schon den Regen«, und wirklich, während der Schmetterling und der Elefant sich in dem kleinen Haus dort am Ende der gewundenen Straße unterhielten, begann der Regen einfach überall sachte zu fallen; und der Schmetterling und der Elefant sahen zusammen aus dem Fenster und fühlten sich so richtig sicher und froh, während die gewundene Straße ganz nass wurde und herrlich zu duften begann, genau wie es der dritte Baum gesagt hatte.

Ziemlich bald hörte der Regen auf und der Elefant legte seinen Arm ganz sacht um den kleinen Schmetterling und sagte: »Hast du mich ein bisschen lieb?« Und der Schmetterling lächelte und sagte: »Nein, ich habe dich sehr lieb.«

Dann sagte der Elefant: »Ich bin so froh, ich denke, wir sollten zusammen einen Spaziergang machen, du und ich; denn jetzt hat der Regen aufgehört und die gewundene Straße duftet herrlich.«

Der Schmetterling sagte: »Ja, aber wohin sollen wir gehen, du und ich?«

»Lass uns die gewundene Straße hinab und hinab gehen, wo ich noch nie gewesen bin«, sagte der Elefant zu dem kleinen Schmetterling. Und der Schmetterling lächelte und sagte: »Gern gehe ich

Der Elefant und der Schmetterling

mit dir fort und fort die gewundene Straße hinab. Lass uns zusammen aus der kleinen Türe deines Hauses und die Stufen hinab gehen – wollen wir?«

So kamen sie zusammen heraus und der Arm des Elefanten lag ganz sacht um den Schmetterling.

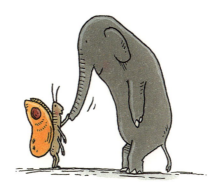

Da sagte der kleinste Baum zu seinen sechs Freunden: »Ich glaube, der Schmetterling liebt den Elefanten so sehr wie der Elefant den Schmetterling, und das freut mich, denn sie werden sich immer lieb haben.«

Die gewundene Straße hinab und hinab gingen der Elefant und der Schmetterling.

Es gab nun schönen Sonnenschein nach dem Regen.

Die gewundene Straße duftete schön nach Blumen. Ein Vogel in einem Strauch begann zu singen, und alle Wolken zogen weg vom Himmel, und überall war Frühling.

Als sie an das Haus des Schmetterlings kamen, das unten in dem grünen Tal stand, das noch nie so grün gewesen war, da sagte der Elefant: »Ist dies deine Wohnung?«

Und der Schmetterling sagte: »Ja, dies ist meine Wohnung.«

»Darf ich in dein Haus hineingehen?«, fragte der Elefant.

»Ja«, sagte der Schmetterling. So stieß der Elefant einfach mit dem Rüssel sachte die Tür auf und sie gingen in das Haus des Schmetterlings. Und dann küsste der Elefant den Schmetterling ganz sachte. Da sagte der Schmetterling: »Warum bist du früher nie in das Tal herabgekommen, wo ich wohne?«

Der Elefant antwortete: »Weil ich den ganzen Tag nichts getan habe. Aber jetzt, da ich weiß, wo du wohnst, komme ich jeden Tag die gewundene Straße herab, um dich zu besuchen, wenn ich darf – darf ich kommen?«

Da küsste der Schmetterling den Elefanten und sagte: »Ich hab dich lieb, also komm bitte.«

Und von da an kam nun der Elefant jeden Tag die gewundene Straße herab, die so herrlich duftete (vorbei an den sieben Bäumen und dem Vogel, der im Strauch sang), um seinen kleinen Freund, den Schmetterling, zu besuchen. Und sie hatten sich immer lieb.

Christine Nöstlinger

Ameisen

Im Hof unten, bei den Mülltonnen, sitzt immer der Gerhard. Jeden Tag hockt er dort. Stundenlang. Den Ameisen schaut er zu. Die Ameisen kommen aus einem Riss in der Hausmauer. In Dreierreihen wandern sie die Mauer hinunter, über den Betonboden und dann die Mülltonnen hinauf. Wenn sie aus den Mülltonnen wieder herauskommen, tragen sie die Beute mit sich: ein Reiskorn, ein Brotbrösel, eine Winzigkeit Apfelschale und allerhand Krümel, denen man nicht ansieht, woraus sie bestehen. Der Hubert versteht nicht, warum der Gerhard jeden Tag stundenlang den Ameisen zuschaut. Und fragen kann er ihn ja auch nicht danach. Der Gerhard kann nicht richtig reden. Bloß »Mama« und »nein« kann er sagen. Alles andere, was er sagt, ist ein unverständliches Gebrabbel, aus dem nur seine Mama schlau wird.

»So was von stumpfsinniger Glotzerei«, sagt der Hubert zu den anderen Kindern. Und die anderen Kinder geben ihm recht. Aber manchmal, wenn weder der Gerhard noch die anderen Kinder im Hof sind, dann hockt sich der Hubert auch zu den Mülltonnen und schaut den Ameisen zu. Ganz im Geheimen nämlich hat er den Verdacht, dass es da schon was zu sehen gibt, etwas, das unheimlich aufregend ist, etwas, das nur der Gerhard weiß.

Philip Waechter

Die Geschichte meines Opas

Wenn ich groß bin, wäre ich gerne wie mein Opa.

Ich weiß, dass er ganz toll ist.

Mein Opa ist mein bester Freund.

Wir sehen uns zwar nicht besonders oft, weil mein Opa viel unterwegs ist, aber wenn wir uns treffen, dann hat er immer viel zu erzählen.

Mein Opa ist sehr schlau. Denn er weiß Dinge, auf die es im Leben wirklich ankommt.

Zum Beispiel, wie man Krokodilfallen baut, dass ein Zelturlaub nichts für schwache Gemüter ist oder was man gegen Langeweile tun kann.

Mein Opa kann sogar fliegen. Er ist ein Superopa!

Was, du kennst meinen Opa nicht?

Dann erzähle ich dir jetzt mal seine Geschichte:

DIE GESCHICHTE MEINES OPAS 1

Die Geschichte meines Opas

Die Geschichte meines Opas

Klaus Kordon
Pinocchio im Schnee

In der Straße, in der ich aufwuchs, wohnten viele Kinder. Und weil zu jener Zeit nur wenige Autos durch die Straßen fuhren, war sie unser Spielplatz. Fußball spielten wir dort, Völkerball, Einkriegezeck, Prellball, Schnecke, Hopse und immer so weiter. Kam doch mal ein Auto, gingen wir kurz beiseite.

Natürlich gab es in unserer Straße auch Streit und Prügelei, Freundschaften und Feindschaften, tolle Kinder und blöde Kinder. Aber die Tollen waren nicht immer toll und die Blöden nicht immer blöd und aus Feindschaften konnten die größten Freundschaften werden.

Nur ein Junge gehörte lange nicht richtig dazu: Sebastian, der bei seiner Oma aufwuchs und von ihr Bastl gerufen wurde. Wir riefen ihn »Pinocchio«. Weil er nämlich ganz so aussah wie die Holzpuppe in dem berühmten Kinderbuch: Beine wie Stecken, Arme streichholzdünn, Leib schmächtig und in dem runden, selbst im Hochsommer immer bläulich-blass wirkenden Gesicht Augen wie reife Brombeeren. Er spielte nie mit, stand nur dabei und sah zu. Und winkten wir ihn mal heran, weil beim Fußball einer fehlte, lehnte er ab. »Fußball ist langweilig«, sagte er nur.

Das ärgerte besonders den großen, kräftigen, rotblonden Bernie mit den unzähligen Sommersprossen im breiten, fast immer grinsenden Gesicht.

»Warum kuckst'n dann zu, wenn Fußball so langweilig ist?«, fragte er böse.

Pinocchio zuckte nur die Achseln und schwieg.

Wir entschieden, dass er einer von den ganz, ganz Blöden war, und beschlossen, den Holzkasper einfach nicht mehr zu beachten. Doch fiel uns das schwer. Es machte keinen Spaß, auf der Straße herumzujagen, wenn er uns zusah. Schoss einer beim Fußballspielen neben das Tor, war Pinocchio schuld. »Der hat den Ball verhext«, hieß es dann.

Das ging so, bis eines Winters die Spiele andere wurden. Es war ein richtiger Winter mit langen Eiszapfen an den Dächern und Fensterblechen, Schlidderbahnen auf den Bürgersteigen und hohen, an den Straßenrand gekehrten und schon fast zu Eis gewordenen Schneebergen. Wir trugen Schlidderwettmeisterschaften aus – wer schlidderte die Bahn am weitesten entlang – und spielten auf den Schneebergen Bergkönig. Einer stand oben und verteidigte seinen Thron, alle anderen versuchten, ihn herunterzuschubsen, um selbst den Thron zu besteigen.

Kurz vor Weihnachten passierte es dann. An diesem Tag waren nur wenige Kinder auf der Straße, Bernie und ich spielten allein Bergkönig und Pinocchio sah zu. Stand Bernie oben, stieß ich ihn weg; stand ich oben, stieß Bernie mich weg. Ein langweiliger

Pinocchio im Schnee

Kampf, wenn nur zwei mitspielten. Bald wurde uns dieses einfallslose Hin und Her vor Pinocchios Augen peinlich.

»Spiel endlich mit«, rief Bernie und sprang vom Berg. »Spiel mit oder hau ab.«

Vor Schreck wurden Pinocchios Brombeer-Augen noch dunkler. »Nein!«, rief er. »Nein! Ich will nicht.«

»Na, dann verschwinde!« Wütend gab Bernie Pinocchio einen Stoß und der schmale Junge lief los. Aber wie komisch er rannte! So steif und ungelenk! Wir hatten Pinocchio zuvor noch nie laufen sehen – jetzt sahen wir sofort: So lief nur einer, der nicht ganz gesund war!

»He!«, rief ich. »Bleib doch stehen! Wir tun dir nichts.« Doch da war es schon passiert: In seiner Hast war Pinocchio über eine unserer Schlidderbahnen gelaufen und ausgerutscht. Wir sahen, wie er mit den Armen ruderte und hart hinstürzte.

Gleich liefen Bernie und ich zu ihm hin, um ihm aufzuhelfen. Doch wehrte er jede Hilfe ab. »Nein! Bitte nicht!«, rief er. »Ich muss so liegen bleiben ... Holt nur schnell meine Oma.«

Bernie sah mich an. »Hol du die Oma, ich bleib hier und pass auf ihn auf.«

Der starke Bernie! Sonst wollte er immer bei allem der Erste sein – vor Pinocchios strenger Oma jedoch hatte er Angst. Und ich nicht weniger. Aber einer musste sie ja holen. So lief ich los, in die Nr. 27 hinein und die Treppe hoch.

Ich klingelte und nicht lange darauf stand Bernies Oma in der offenen Tür. »Ja?«, fragte sie stirnrunzelnd. »Was willst du denn?«

Rasch erzählte ich ihr alles, und da rannte sie, ohne sich erst

Pinocchio im Schnee

etwas überzuziehen, mit mir in den eiskalten Tag hinaus. Jetzt aber sah sie gar nicht mehr streng aus, die alte Frau mit dem straff am Hinterkopf verknoteten grauen Haar. Nur Sorge stand ihr ins Gesicht geschrieben. Und als sie sich über Pinocchio beugte, da blickte sie ihn so liebevoll und bekümmert an, dass ich richtig neidisch wurde. Meine Großeltern lebten schon lange nicht mehr.

»Bleibt bei ihm«, bat Pinocchios Oma uns dann. »Er darf sich nicht bewegen. Ich rufe inzwischen den Krankenwagen.« Und schon lief sie los, hin zur nächsten Telefonzelle.

Wir sahen, wie Pinocchio die Zähne aufeinanderpresste. »Tut's sehr weh?«, fragte Bernie leise.

Er nickte nur, sah uns dabei aber nicht an.

»Das ...«, stotterte Bernie, »das hab ich ja nicht gewusst.«

Er sagte nicht, was er nicht gewusst hatte, doch das war ja klar: Er meinte jene Krankheit, die schuld daran war, dass Pinocchio nicht richtig rennen konnte.

Kurz darauf kam der Krankenwagen. Pinocchio wurde auf eine Trage gelegt und ins Auto gehoben und seine Oma fuhr mit ihm davon.

Wir sahen dem Krankenwagen nach, bis er in eine Seitenstraße einbog. »Was ist das nur für eine komische Krankheit?«, fragte Bernie mich leise. »Und warum hat er nie etwas davon gesagt?«

Pinocchios Sturz ließ uns keine Ruhe, und so standen wir zwei Tage später bei seiner Oma vor der Tür, um mit schuldbewussten Gesichtern zu fragen, wie es ihm ging.

Erst musterte sie uns nur streng, dann bat sie uns in ihre Küche. Still folgten wir ihr durch den dunklen Flur und setzten uns zu ihr an den Küchentisch. »Er hat sich das Bein gebrochen«, sagte sie schließlich. »Und natürlich wieder das rechte. Nun schon zum dritten Mal.« Wir erschraken. Schon zum dritten Mal? Wie konnte einer sich denn immerzu das Bein brechen? »Er hat Glasknochen«, erklärte sie uns da. »Das ist eine schlimme, nicht zu heilende Krankheit. Er muss sich sehr vorsehen. Fällt er hin oder stößt er sich irgendwo, gleich bricht er sich etwas. Und das heilt dann nur sehr schwer.«

»Aber warum hat er das denn nicht gesagt?«, wunderte sich Bernie.

»Weil er sich seiner Krankheit schämt«, antwortete Pinocchios Oma. »Er wollte immer gern wie alle anderen Kinder sein.«

»Hat ... hat er keine Eltern mehr?«, wagte ich zu fragen. Das hatte mich schon lange interessiert. Wieso wuchs Pinocchio denn bei seiner Oma auf anstatt bei seiner Mutter?

»Seine Mutter ist tot. Und sein Vater noch in Gefangenschaft.«

Für uns Nachkriegskinder keine besonders traurige Nachricht. Viele Väter waren im Krieg geblieben. Und so mancher von uns hatte auch keine Mutter mehr. Aber dass einer, der eine solch schlimme Krankheit hatte, auch noch ohne Eltern aufwachsen musste?

Pinocchios Oma verstand unsere bedrückten Mienen falsch. »Ihr seid nicht schuld an dem, was passiert ist«, tröstete sie uns. »Ihr habt ja nicht gewusst, dass er an dieser Krankheit leidet. Und ich durfte es euch nicht sagen. Das musste ich ihm hoch und heilig versprechen.«

Es war Bernie, der zum Abschied fragte, ob wir Pinocchio – aber natürlich sagte er »Bastl« – nicht mal im Krankenhaus besuchen dürften.

Sie dachte kurz nach, dann fand sie die Idee gut und schlug uns vor, ihn an einem der beiden Weihnachtsfeiertage zu besuchen. »Das ist dann fast so etwas wie ein Weihnachtsgeschenk für ihn.«

Ja, und so kam es. Gleich am ersten Weihnachtsfeiertag nahm sie uns mit ins Krankenhaus und erklärte Pinocchio, dass wir nicht gekommen seien, um uns bei ihm zu entschuldigen, sondern nur, um ihn zu besuchen. »Sie haben ja nichts von deiner Krankheit gewusst. Hätten wir es ihnen gesagt, wäre alles gar nicht passiert.«

Pinocchio, nein, Bastl sah uns nur an, verwirrt und beschämt, und Bernie und ich blickten auf unsere Füße, bis wir einer nach dem anderen vortraten. Bernie legte einen vor Aufregung schon etwas angequetschten Schokoladenweihnachtsmann und ich ein kleines Marzipanbrot auf Bastls Nachttisch; kleine Schätze von unseren bunten Tellern.

Danach schwiegen wir, bis Bernie sich einen Ruck gab und fragte: »Und? Wie geht's dir?«

»Gut«, antwortete Bastl wie aus der Pistole geschossen.

»Schwindler!«, schimpfte seine Oma. Und zu uns gewandt sagte sie: »Es geht ihm nicht gut. Er hat schlimme Schmerzen. Aber er ist ein tapferer Kerl und hält das aus.«

Bald darauf ging sie. Sie wollte uns allein lassen, damit wir »ohne ihre Ohren« miteinander reden konnten.

Kaum war sie weg, sah ich mir den Stoß Bücher an, der auf Bastls Nachttisch lag. Die Hälfte davon kannte ich. Noch interessanter aber war das kleine Schachspiel, das unter den Büchern lag.

»Du spielst Schach?«, fragte ich so erstaunt, als gäbe es außer mir keinen einzigen neunjährigen Jungen auf der ganzen weiten Welt, der Schach spielen konnte. Bastl nickte nur. »Wollen wir eine Partie spielen?« Einen Moment zögerte Bastl, dann nickte er ein zweites Mal.

So spielten wir an jenem Tag eine Partie Schach. Das kleine Schachbrett lag auf Bastls Bettdecke, ich saß auf der Bettkante. Und es dauerte keine zehn Minuten und Bastl hatte mich schachmatt gesetzt. Verdutzt blickte ich ihn an, und Bernie staunte noch mehr, denn er konnte noch nicht Schach spielen.

»Noch eine Partie«, drängelte ich. Aber auch das zweite Spiel verlor ich innerhalb weniger Minuten.

»Mensch!«, brach es aus mir heraus. »Du bist ja 'n Weltmeister.«

Pinocchio im Schnee

Da musste Bastl lachen. Zum ersten Mal sahen wir ihn lachen. »Ich spiel oft Schach. Meine Oma hat's mir beigebracht. Dabei kann man sich nämlich nichts brechen. Und ... und man kann's auch mit sich selber spielen.«

Endlich hatte er mal richtig den Mund aufgemacht, und Bernie und ich hätten gern noch länger mit ihm geredet, doch die Besuchszeit war vorüber und wir mussten gehen.

Kaum standen wir wieder auf der Straße und atmeten die frische, frostklare Winterluft, fragte Bernie mich, ob ich ihm das Schachspielen beibringen wollte. Ich hatte nichts dagegen und gleich am nächsten Tag begannen wir mit dem Unterricht. Bernie lernte schnell und konnte bald genauso gut spielen wie ich. Gegen Bastl allerdings nützte ihm das nichts. Wie oft wir auch später mit ihm in der Frühlingssonne vor unserer Haustür saßen und Schach spielten, Bastl war einfach unschlagbar.

Doch dann, im Sommer, kam Bastls Vater aus der Kriegsgefangenschaft zurück und zog mit Bastl fort. So wurde wieder mehr Fußball gespielt. Hockten wir aber doch mal über dem Schachbrett und Bernie gewann, sagte er jedes Mal: »Das hat Bastl mir beigebracht«, und grinste stolz. Dass doch in Wahrheit ich sein erster Lehrmeister war, hatte er längst vergessen.

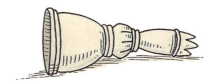

Franz Hohler
Schafsgeschichte

Kennt ihr Herrn Beeli?

Er wohnt in der Stadt, geht jeden Morgen zur Arbeit in sein Büro, bleibt über Mittag dort und kommt am Abend wieder heim. Nicht?

Aber vielleicht kennt ihr das Haus, in dem er lebt. Die braunen Vorhänge gehören zu Herrn Beelis Wohnung.

Er hat keine Frau und keine Kinder. Er hat Schafe.

Das sind seine liebsten Tiere. Wenn er nach Hause kommt, sitzen alle im Gang und warten auf ihn. Sie freuen sich sehr, wenn er heimkommt, denn für Herrn Beeli gibt es kein größeres Vergnügen, als mit seinen Schafen zu spielen. Herr Beeli tut wirklich alles, damit seine Schafe sich bei ihm wohlfühlen. Jeden Tag lässt er ihnen vom Land frisches Heu kommen.

Wenn er vom Büro nach Hause geht, kommt er durch den Stadtpark und pflückt meistens noch etwas besonders Gutes für seine Schafe.

Er hat auch ein Lieblingsschaf. Es heißt Sonja und bekommt immer die besten Bissen. Manchmal darf es mit ihm bis zum Büro kommen. Geduldig wartet es auf dem Parkplatz, bis Herr Beeli mit seiner Arbeit fertig ist.

Schafsgeschichte

Einmal darf es sogar mit Herrn Beeli auf eine Geschäftsreise.

Da werden die andern Schafe böse, weil sie daheimbleiben müssen. Zum Glück hat Herr Beeli vergessen, die Zimmer abzuschließen, und so können die Schafe überall hinein. Sie bestellen sofort die doppelte Portion Heu und hören den ganzen Tag Musik aus dem Radio.

Dann gehen sie hinter die Vorräte und machen sich ein herrliches Nachtessen. Nachher wird gebadet und geduscht, und zum Schluss legen sie sich alle im Schlafzimmer von Herrn Beeli zur Ruhe. Ist das eine Bescherung, als Herr Beeli am nächsten Tag mit Sonja nach Hause kommt! Aber er merkt, was er falsch gemacht hat. Von jetzt ab geht er nicht mehr mit Sonja ins Büro.

Sondern mit allen.

Doch nicht allen Leuten gefallen Herrn Beelis Schafe.

Die Leute in der unteren Wohnung sind schwerhörig, aber sie

schimpfen über den Gestank. Der Hausbesitzer schimpft, weil sie mit ihren Hufen alle Böden zerkratzen. Der Chef von Herrn Beeli schimpft, weil er statt mit dem Auto mit einem Rudel Schafe ins Büro kommt.

Alle verlangen von ihm, dass er seine Schafe verkauft.

Aber Herr Beeli denkt nicht daran.

Also kündigt ihm der Hausbesitzer seine Wohnung und der Chef seine Stelle im Büro, und Herr Beeli muss ausziehen. Er sucht eine neue Wohnung, aber niemand will einen Herrn mit so viel Schafen.

Er sucht sich eine neue Stelle, aber niemand will einen Herrn, der mit Schafen zur Arbeit kommt. Darum wandert Herr Beeli in die Türkei aus und zieht dort mit seinen Schafen von einem Dorf zum andern, über Berg und Tal, von Hügel zu Hügel.

Åsa Lind

Zackarina und die Dunkelheit

Aus dem Schwedischen von Jutta Leukel

Erst war es Sommer, dann wurde es Herbst. Die Abende wurden dunkler und die Tage kürzer. Zackarina fand das schade. Den ganzen Sommer über war sie draußen gewesen und hatte gespielt, solange sie wollte. Nun musste sie, wenn die Sonne unterging, schnell nach Hause gehen, bevor es dunkel wurde.

Das konnte der Sandwolf nicht richtig verstehen. Er wohnte ja Tag und Nacht am Strand. Er mochte den Mondschein genauso wie den Sonnenschein und er glitzerte genauso wild in der Dunkelheit der Nacht wie im Licht des Tages.

»Aber warum denn?«, fragte er eines Abends, als Zackarina plötzlich Tschüs sagte, obwohl sie gerade so viel Spaß hatten und fast eine Krabbe gefangen hätten.

»Warum tschüs?«, fragte er. »Warum hast du es in der letzten Zeit so eilig, nach Hause zu kommen?«

Zackarina zeigte zur Sonne, die langsam im Meer unterging, abendrot und müde. »Es wird doch gleich dunkel«, sagte sie.

»Ja, und?«, fragte der Sandwolf. Er wedelte freudig mit dem Schwanz und wartete auf eine Antwort.

Zackarina seufzte. Manchmal fand sie, dass der Sandwolf ein bisschen dumm war. Wusste er denn nichts von der Dunkelheit? Wusste er nicht, dass sich darin alle Gespenster und alle Monster versteckten?

»Widerliche Monster«, sagte Zackarina.

Der Sandwolf dachte gründlich nach. Er hatte alle möglichen Dunkelheiten gesehen. Die Dunkelheit der Nacht und die Dunkelheit des Waldes, die unter den dichtesten Fichten ruhte. Ihm war auch die Dunkelheit in den tiefsten Tiefen des Meeres und in den schauerlichsten Grotten der Berge begegnet. Er hatte sogar die große Dunkelheit gesehen, die über allem lag, bevor die Sterne geboren waren, und die war wirklich schwarz gewesen. Aber irgendwelche Gespenster und Monster hatte der Sandwolf nie in der Dunkelheit gesehen.

»Liebe Zackarina«, sagte der Sandwolf ernst. »Kannst du mir ein Gespenst zeigen? Es muss ja kein besonderes sein, nur ein kleines gewöhnliches Monstergespenst oder so.«

Zackarina bohrte mit dem Fuß im Sand herum. »Na ja, eigentlich gibt es gar keine Gespenster in der Dunkelheit. Nicht wirklich.«

»Auch keine Monster?«, fragte der Sandwolf. Er sah enttäuscht aus. Hatte Zackarina ihn angelogen?

Sie versuchte es zu erklären.

»Man sieht doch nichts in der Dunkelheit«, sagte sie. »Alles, was es normalerweise gibt, ist wie weggeblasen und dann denkt man sich Sachen aus.«

Das letzte Stückchen Sonne verschwand im Meer. Die Dunkelheit, die sich den ganzen Tag in den Schatten unter den Bäumen

ausgeruht hatte, streckte sich aus und glitt aus ihren Verstecken.

Der Sandwolf nickte. Ja, das stimmte, die Dunkelheit war gut, um sich Sachen auszudenken und zu fantasieren.

»Aber man muss sich doch nichts Unheimliches ausdenken«, sagte er. »Man kann doch die Gelegenheit nutzen und sich Wunderbares und Geheimnisvolles ausdenken.«

Zackarina sah sich um. Oje, sie hatten so viel geredet, und nun hatte sie ganz vergessen, nach Hause zu gehen! Und jetzt war es schon dunkel.

Sie rückte näher an den Sandwolf heran. Sie versuchte an nichts Unheimliches zu denken. Stattdessen dachte sie an Zimtschnecken. Sie dachte an Geburtstage und an Weihnachten und an Küsse von Mama und Papa.

Die Dunkelheit wurde nicht weniger dunkel, aber sie wurde weicher, wie Samt. Und nun merkte Zackarina, dass die Dunkelheit nicht nur pechschwarz war. Sie war unterschiedlich schwarz. Die Bäume waren raschelschwarz, die Klippen steinschwarz und das Meer war plätscherschwarz.

»Die Dunkelheit ist ja heute ganz angenehm«, sagte sie.

»Die Dunkelheit ist das, wozu du sie machst«, sagte der Sandwolf und leuchtete schwach, wie ein Neumond.

»Wie meinst du das?«, fragte Zackarina.

»Wenn du vor der Dunkelheit Angst hast, dann ist sie gefährlich«, sagte der Sandwolf. »Aber wenn du es wagst, die Dunkelheit zu mögen, dann mag die Dunkelheit dich auch.«

Da fühlte Zackarina, dass die Dunkelheit sie gerade sehr gerne mochte. Die Dunkelheit legte sich um sie, hüllte sie ein wie ein

Mantel aus weichem, schwarzem Samt. Zackarina stand auf und ging nach Hause – allein – und dachte nur ein bisschen an Gespenster.

Bevor sie hineinging, blieb sie eine Weile stehen und schaute das Haus an. In den Fenstern leuchtete es gemütlich gelb und drinnen in der Küche waren Mama und Papa.

Sie warten auf mich, dachte Zackarina und ging hinein.

»Hallo! Jetzt bin ich zu Hause!«, rief sie und zog die Jacke aus.

»Hallo, Zackarina«, sagte Mama. »Wo bist du denn so lange gewesen?«

Und Zackarina umarmte zuerst Mama und dann Papa, und dann sagte sie, wie es war.

»Ich war draußen«, sagte sie. »In der Dunkelheit!«

Die Geschichte meines Opas

Die Geschichte meines Opas

Martina Wildner

Alles Verhandlungssache

Es hatte geregnet, alles war feucht. Mia, meine kleine Schwester, und ich trugen Gummistiefel. Wir standen auf dem Spielplatz herum, langweilten uns und hatten schlechte Laune.

Schaukeln ist bei Langeweile noch das Beste. Doch als wir zu den Schaukeln kamen, sahen wir die Bescherung. Jemand hatte die Schaukeln hochgezogen, sodass wir nicht rankamen. Von oben hörten wir fieses Kichern. Unsere Laune wurde gleich noch schlechter. Wir brauchten gar nicht hinzusehen. Oben im Klettergerüst hockte der Nervzwerg. Wir kannten ihn bereits, aber wie er wirklich hieß, wussten wir nicht. Er war klein (kleiner als ich, aber wahrscheinlich nicht jünger) und ging jedem auf dem Spielplatz auf die Nerven.

»Na, wollt ihr schaukeln?«, rief er uns mit seiner schrillen Stimme zu.

Wir antworteten nicht. Eigentlich wäre es gar nicht so schwierig, die Schaukeln wieder runterzuholen. Man müsste bloß vom Klettergerüst auf die obere Querstange klettern und sie wieder runterlassen. Aber die Querstange befand sich auf drei Metern Höhe. Der Nervzwerg baumelte an der obersten Spitze des Klettergerüsts. »Angsthasen!«, schrie er uns zu.

»Gleich fällst du runter!«, brüllte ich zurück. »Und dann bist du tot.«

»Mir doch egal.«

»Dann kommst du in die Hölle.«

»Mir doch egal. Die Hölle gibt's doch gar nicht.«

»Die gibt's wohl. Und da musst du auf glühenden Schaukeln sitzen, bis dein Hintern schwarz ist.«

»Und du musst für alle Ewigkeit in rosa Gummistiefeln rumstehen.«

»Na und?«

»Die sind mit Schwefelsäure gefüllt und dann ätzt's dir die Füße weg.«

»Was ist Schwefelsäure?«, raunte mir Mia ängstlich zu. Sie trug auch rosa Gummistiefel.

»Keine Ahnung«, flüsterte ich zurück.

»Wenn ich jedenfalls so doofe rosa Stiefel anhätte, würde ich mich auch nicht trauen, auf die Schaukel zu klettern«, fuhr der Nervzwerg fort.

So langsam wurde ich wütend. Ich holte Luft, ging auf das Gerüst zu und kletterte daran hoch, schneller als der Nervzwerg gucken konnte. Auf Höhe der Querstange machte ich Pause. Ganz schön hoch.

Der Nervzwerg sang: »Angsthase, Pfeffernase, morgen kommt der Osterhase! Kommt er nicht, kommt er doch, schießt er dir ins Popoloch!«

Ich wurde noch wütender. Dieser blöde Spruch! Aber Wut macht Angst weg und plötzlich hockte ich in drei Metern (oder waren es fünf?) auf der Querstange und ließ die Schaukeln herab. Mia freute sich. Ich mich auch, aber nur kurz. Dann fiel mir ein Gummistiefel herunter, und da war plötzlich der Nervzwerg, schnappte sich den Gummistiefel und rannte damit zum Zaun. Vom Zaun aus kletterte er auf den Baum. Der Baum ist total verboten. Wir dürfen da nicht raufklettern. Mama sagt, da sei mal ein Kind runtergefallen. Das sei jetzt querschnittsgelähmt.

Der Nervzwerg kletterte natürlich trotzdem rauf. Und ich, immer noch wütend, ließ mich am Schaukelseil hinab und rannte ebenfalls zum Zaun.

Es war gar nicht so schwierig, auf den verbotenen Baum zu klettern. Rasch war ich oben beim Nervzwerg und hatte ihm – schwups! – seinen Turnschuh geklaut. Damit hatte er nicht gerechnet. Er schrie schrill auf und warf meinen Gummistiefel weg. Er warf ihn weit weg. Er warf ihn über die Mauer.

Über die Mauer sollte man nichts werfen, das weiß ich aus Erfahrung. Denn dann landen die Sachen im Nachbarhof und den erreicht man nur über den Hauseingang und der wiederum liegt auf der anderen Seite des Häuserblocks. Drüben im Hof lauern ein bissiger Hausmeister und ein noch bissigerer Hund.

»Du ... du ...« Mir fiel kein Schimpfwort ein. Trotz meiner Wut wusste ich: So weit kann ich nicht werfen. Doch da sah ich unten die Pfütze. Die Pfütze war schlammig. Der Turnschuh war neu.

»Ich lass deinen Schuh in die Pfütze da unten fallen«, sagte ich.

»Mir doch egal.«

»Die Pfütze ist schlammig.«

»Mir doch egal.«

»Dein Turnschuh ist neu.«

»Mir doch egal.«

»Gut, dann lass ich ihn fallen.«

Der Turnschuh landete in der Pfütze.

»Mia!«, rief ich. »Reib den Turnschuh ein. So richtig mit Schlamm!«

»Nein!«, schrie da der Nervzwerg.

»Gut!«, sagte ich. »Dann gehst du in den Hof und holst meinen Gummistiefel.«

»Nein.«

Alles Verhandlungssache

»Mia! Reib den ...«

»Nein!«

Der Nervzwerg passte einen Moment nicht auf. Da zog ich ihm auch noch den zweiten Turnschuh vom Fuß. Ich fädelte den Schnürsenkel aus und warf ihn weg. Er blieb irgendwo unerreichbar in den Blättern hängen.

Das war zu viel. Ich dachte schon, gleich würde er losheulen.

»Mann«, sagte der Nervzwerg mit zittriger Stimme, »ihr seid verrückt. Man kann da nicht rüber. Mein Bruder ist von dem Köter schon mal gebissen worden.«

»Dann müssen wir den Schuh eben anders holen.« Ich hätte mir auf die Zunge beißen können, weil ich wir gesagt hatte. Aber es war zu spät. »Wir sind zu dritt«, erklärte ich. »Zu dritt werden wir ja wohl irgendwie über die Mauer kommen.«

»Mmh«, machte der Nervzwerg ohne Begeisterung.

»Ich kann auch deinen zweiten Turnschuh in die Pfütze werfen und Mia kann ...«

»Jaja. Gutgut.«

Und ich hatte auch schon einen Plan. »Pass auf, wir machen es so: Mia und ich klettern auf dich und dann auf die Mauer. Oben lass ich Mia an den Füßen runter, so kann sie sich den Gummistiefel angeln.«

»Mmh, mmh«, machte der Nervzwerg. Aber er wusste auch nichts Besseres.

Wir stiegen herab und begutachteten die Mauer. »Komm mal, Mia!«, rief ich. »Du musst jetzt tun, was ich sage, dann schenke ich dir auch meine Barbie.«

Mia verzog misstrauisch das Gesicht. »Die mit den blonden Haaren?«

»Nee, die mit den braunen.«

»Ich will aber die blonde.«

»Gut, die blonde.«

Ist alles Verhandlungssache.

Mia machte mit (wenn auch mit viel Geschrei, aber sie hatte ja auch den blödesten Job), und wir schafften es tatsächlich, den Gummistiefel aus dem Hof zu holen.

Dann angelten wir noch mithilfe einer Astgabel den Schnürsenkel aus den Blättern und schließlich kam sogar die Sonne raus. Wir legten den Turnschuh vom Nervzwerg zum Trocknen aufs Pflaster.

»Wie heißt du eigentlich?«, fragte ich den Nervzwerg.

»Frederick.«

»Ich bin Lisa.«

»Schön«, sagte Frederick. »Aber Freunde müssen wir nicht gleich werden, oder?«

»Nee, lieber nicht.«

Andrej Usatschow

Das Mäuschen, das nach der Uhr lebte

Aus dem Russischen von Simone Peil

In dem Haus, in dem das Mäuschen Micha wohnte, stand eine alte Uhr. Genauer gesagt: Die Uhr stand nicht nur da, sie ging auch. In der Mitte drehten sich zwei Zeiger: ein größerer und ein kleinerer. Manchmal standen sie beide an der gleichen Stelle und manchmal zeigten sie in entgegengesetzte Richtungen und sahen aus wie ein Schnurrbart.

Von Zeit zu Zeit schlug die Uhr. Und sie hatte ein Pendel, das immer hin- und herschaukelte.

Micha wäre ja gern mal auf das Pendel geklettert und hätte mitgeschaukelt. Aber Papa hatte ihm das strengstens verboten: »Du machst die Uhr sonst kaputt!«

»Wozu braucht man die überhaupt?«, fragte das Mäuschen.

»Damit wir immer genau wissen, wie spät es ist«, erklärte Papa.

»Und warum müssen wir das wissen?«

»Wenn wir immer genau wissen, wie spät es ist,

wissen wir auch, was als Nächstes passiert«, erklärte Papa weiter. »Im Leben läuft alles nach der Uhr!«

»Na ja, fast alles«, warf Mama ein.

»Wieso?«, wunderte sich Micha.

»Wirst du gleich sehen«, sagte Papa und deutete mit der Pfote auf das Zifferblatt.

»Wenn der kleine Zeiger auf der Sechs steht, wacht die Katze auf. Um diese Zeit bleiben wir besser in unserem Mauseloch.«

»Um sieben Uhr steht der Vater auf und kocht Kaffee«, erklärte Mama weiter.

»Wenn die Uhr acht Mal schlägt, gehen die Kinder in die Schule und Papa zur Arbeit.«

»Um neun Uhr macht die Bäckerei an der Ecke auf. Mama geht dann aus dem Haus, um frische Brötchen zu holen. Und die Katze läuft mit ihr hinaus und legt sich auf der Veranda in die Sonne. Das ist dann die Zeit für unser Frühstück.«

Micha war tief beeindruckt: Alles lief genau so ab, wie die Eltern es vorhergesagt hatten.

Um zehn Uhr kam der Briefträger auf dem Fahrrad und warf die Zeitung und die Post in den Briefkasten. Papa machte dann immer zuerst das Kreuzworträtsel und Mama las das Fernsehprogramm durch.

Um elf Uhr kam ein großes Auto und transportierte den Müll ab.

Um zwölf klingelte am Haus gegenüber der Tierarzt.

Das Mäuschen, das nach der Uhr lebte

»Bei unseren Nachbarn ist der Papagei krank geworden und er muss jetzt jeden Tag eine Spritze bekommen«, erklärte Mama.

Genau um zwölf flog auch brummend ein Flugzeug übers Haus.

»Das ist die Maschine nach London«, sagte Papa. »Das Flugzeug ist immer pünktlich.«

Um zwei Uhr kamen die Kinder aus der Schule nach Hause.

Um drei Uhr warf der Hausmeister den Rasenmäher an. Das war das Signal für die Frösche, so schnell wie möglich die Wiese zu verlassen.

Um vier Uhr kam die Klavierlehrerin des Mädchens zur Klavierstunde.

Als die Uhr fünf schlug, kamen die Freunde des Jungen, um ihn zum Fußballtraining abzuholen.

Das Mäuschen hatte schon verstanden, dass der kleine Zeiger die Stunden und der große die Minuten anzeigte.

»Und was passiert um sechs Uhr?«, wollte es wissen und schaute zwischen Uhr und Fenster hin und her.

»Ich weiß es nicht«, antwortete Papa und zuckte mit den Schultern. »Um fünf sind viele Leute von der Arbeit auf dem Heimweg und auf der Straße ist sehr viel Betrieb. Deshalb gehen wir dann besser nicht raus.«

»Um sechs kommt meine Lieblingsserie im Fernsehen«, sagte Mama.

Aber Micha hatte keine Lust auf Fernsehen.

»Das kann doch nicht sein, dass um sechs Uhr nichts passiert«, dachte das Mäuschen und schlich sich aus dem Haus.

Es lief am Zaun entlang und schaute sich erwartungsvoll um. Die Leute kamen von der Arbeit und gingen einkaufen oder in ein Café. Auf den Straßen standen lange Schlangen von Autos und Bussen. Aber sonst passierte absolut nichts.

Nach einiger Zeit fand sich Micha plötzlich auf einem großen Platz wieder, und ihm wurde klar, dass es sich verlaufen hatte. Es schaute nach oben und sah das Rathaus, an dem eine riesige Uhr hing. Sie fing an zu schlagen: Es war Punkt sechs Uhr.

»Jetzt passiert bestimmt gleich was«, dachte das Mäuschen und schaute sich gespannt um. Da tauchte ein Spatz neben Micha auf.

»Hallo!«, sagte der Spatz. »Ich heiße Tschik. Und du?«

»Micha«, antwortete das Mäuschen. »Und ich habe mich verlaufen.«

»Wo wohnst du denn?«, fragte der Spatz.

»In einem kleinen weißen Haus.«

»Aber hier gibt es unzählige kleine weiße Häuser«, zwitscherte der Spatz. »Weißt du die Adresse denn nicht?«

»Ich weiß nur, dass es bei uns an der Ecke eine Bäckerei gibt«, sagte Micha.

»Hier ist doch fast an jeder Ecke eine Bäckerei! Ich kenne mindestens fünf!«

»In unserem Haus gibt es auch noch eine Uhr, so eine ganz alte, mit Pendel.«

»Ja, das ist doch schon gleich was ganz anderes«, freute sich der Spatz. »Komm, wir gehen die Uhr suchen.«

Das Mäuschen, das nach der Uhr lebte

Es war nicht gerade leicht, in der großen Stadt das richtige kleine weiße Haus zu finden. Micha lief die Bürgersteige entlang und Tschik flog neben ihm her und schaute in jedes Fenster.

Langsam wurde es dunkel. Der Mond ging auf und hing groß und rund am Himmel. Er sah fast aus wie das Uhrpendel. Und Tschik war plötzlich verschwunden. Micha dachte, er wäre nach Hause geflogen, und wurde schon ganz traurig.

Doch dann hörte er plötzlich ein »Tschik-Tschirik« von irgendwo aus dem Dunklen.

»Ich glaube, ich habe es gefunden!«, rief Tschik aufgeregt. »Ein weißes Haus, an der Ecke ist eine Bäckerei und in der Wohnung steht eine alte Uhr! Ich konnte aber nicht genauer nachsehen, weil da eine Katze am Fenster saß …«

»Das ist es! Das ist unser Haus«, jubelte Micha.

Als Micha nach Hause kam, waren seine Eltern außer sich vor Sorge. »Wo warst du denn?«, rief Mama aufgelöst.

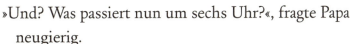

»Ich wollte doch nur herausfinden, was um sechs Uhr passiert!«, erklärte das Mäuschen.

»Und? Was passiert nun um sechs Uhr?«, fragte Papa neugierig.

»Um sechs Uhr tauchen Freunde auf!«, strahlte Micha.

Papa und Mama mussten lachen.

»Aber Freunde können jederzeit auftauchen«, sagte Papa. »Genauso wie man sich jederzeit unverhofft verlieben kann!«

»Weißt du noch, wann wir uns das erste Mal begegnet sind?«, fragte Mama.

Papa dachte kurz nach und schüttelte den Kopf: »Nein, damals habe ich wohl völlig die Zeit vergessen ...«

»Siehst du, im Leben läuft also doch nicht alles nach der Uhr ab!«

Papa und Mama unterhielten sich noch lange, während das Mäuschen schon im Bett lag und sich vorstellte, dass morgen Abend um sechs Uhr Tschik wieder auftauchen würde, um es zu besuchen. Morgen, und übermorgen, und überübermorgen und überhaupt jeden Tag.

Wieland Freund

Ida auf der anderen Seite

Ida wohnte gegenüber, und zwar ganz genau gegenüber. Wenn Leo auf die Anrichte kletterte und durch das Küchenfenster schaute, konnte er Idas blaue Haustür sehen. Die Sache war nur: Bis zu Idas blauer Haustür kam er nie. Leo sah Ida nur im Kindergarten oder bei sich; dann nämlich, wenn sich Ida über die Spielstraße wagte, die Idas Haus von Leos Haus trennte. Von seinem Küchenfenster aus hatte Leo ihr oft dabei zugeschaut: Ida trat aus der blauen Tür und stürzte sich ins Getümmel.

Ida musste unverwundbar sein, und wenn sie nicht unverwundbar war, dann musste sie einen mächtigen Schutzengel haben.

Die Hauptsache nämlich war: Die Spielstraße war nicht sicher. Von einem Augenblick zum anderen konnte sie sich verwandeln. Zum Beispiel wurde aus dem Asphalt ein grauer Fluss, in dem Piranhas, Haifische und Ungeheuer schwammen – dreimal so groß wie das Ungeheuer von Loch Ness. Kinder wie Leo verschlangen solche Ungeheuer mit einem Happs – manchmal sah Leo, wie sie sich hungrig die schartigen Lippen leckten.

Ida verschlangen die Ungeheuer seltsamerweise nicht. Leo sah zu, wie Ida mit wippenden Zöpfen auf den rettenden Bürgersteig hüpfte.

An anderen Tagen tat sich, wo eben noch die Spielstraße gewesen war, ein Abgrund auf. Leo konnte sich gut erinnern. Einmal nämlich hätte er es fast bis zu Ida geschafft – immerhin bis zur Bordsteinkante war er gekommen. Weiter kam er leider nicht. Leo hatte bloß dagestanden und in die gefährliche Schlucht geschaut.

Einen Schritt weiter und er wäre gefallen! Schwindelnd sah er ledrige Flugdinosaurier und halb nackte Geier zwischen den schrundigen Felshängen kreisen. Sie warteten nur auf ihn. Leo hatte auf dem Absatz kehrtgemacht und zu seiner Mutter gesagt: »Ruf Ida an. Ich habe Bauchweh.«

Ein anderes Mal hatte Leos Mutter Leo bringen wollen. Aber an diesem Tag hatte die ganze Spielstraße gebrannt und kohlschwarze, glimmende Monster hatten sich glühende Brocken aus Teer zugeworfen. »Heute lieber nicht«, hatte Leo gesagt.

Über Monster kann man nämlich nicht reden. Leo hatte es einmal zaghaft versucht, aber leider war die Antwort so ausgefallen, wie er erwartet hatte. »Monster gibt es nicht«, hatte sein Vater gesagt und an Leos Bettdecke gezupft.

»Aber Leo!«, hatte seine Mutter gerufen und in einer Schüssel Quark gerührt.

Am Montag wohnte ein hungriger T-Rex auf der Spielstraße.

Am Dienstag führten böse Zauberer und schaurige Gespenster auf der Spielstraße Krieg.

Am Mittwoch hatte Ida Geburtstag. Die Einladung hing seit einer Woche an der Pinnwand, und seit sie dort hing, ging es Leo schlecht.

»Ich kann vielleicht nicht kommen«, hatte Leo im Kindergarten zu Ida gesagt. Das heißt: Er hatte es sagen wollen. Am Ende hatte er sich nicht getraut.

Leos Mama hatte ein Geschenk gekauft, an Idas blauer Haustür gegenüber hing ein Strauß bunter Ballons.

»Um drei Uhr«, hatte Ida im Kindergarten gesagt.

Jetzt hockte Leo auf der Küchenanrichte und die Spielstraße spielte verrückt. Wieder tat sich jenseits der Bordsteinkante ein Abgrund auf, diesmal jedoch war die Schlucht mit Wasser gefüllt und das Wasser brannte wie Öl. Flammen leckten aus der Flut, in der glühend heiße Ungeheuer und schlingpflanzengrüne Gespenster schwammen. Der T-Rex konnte auf dem Wasser gehen. Er brüllte unaufhörlich.

»Leo!«, hörte Leo den T-Rex rufen, aber dann stand Leos Mutter in der Küchentür und sagte: »Ida ist dich holen gekommen.«

Und auf einmal stand Leo neben Ida im Flur und seine Mutter drückte ihm das Geschenk in die Hand. Und dann, ohne zu wissen, wie ihm geschah, stand Leo draußen auf dem Bürgersteig. Ida fasste seine Hand. Leo starrte den T-Rex an, der über das blubbernde, brennende Wasser jagte. Rauch und Wasserdampf und flirrende Gespenster stiegen von der Spielstraße auf. Leo konnte Idas blaue Haustür hinter den Schwaden nicht mehr sehen.

»Siehst du?«, sagte Ida. »Jetzt kommst du doch mal zu mir.«

Leo sah etwas ganz anderes. Ein glühend roter Haifisch sperrte den Rachen auf.

Leo klebte an der Bürgersteigkante. Er kam keinen Schritt weiter. »Hier«, sagte er und hielt Ida ihr Geburtstagsgeschenk hin. »Ich muss jetzt leider nach Hause.«

Doch Ida schüttelte den Kopf. »Wieso?«, fragte sie.

Über Monster kann man nicht reden – es sei denn, in höchster Not. Leo zeigte auf die Straße.

»Der T-Rex«, krächzte er. Aber leider wusste er ja schon, dass Ida den T-Rex nicht sah.

Ida auf der anderen Seite

»Der große?«, fragte Ida zu Leos Überraschung.

»Der da über das Wasser läuft«, sagte Leo schnell. »Durch die Flammen.«

»Ach da«, sagte Ida und beugte sich neugierig vor.

»Vorsicht!«, rief Leo. »Die Haie!« Dann flüsterte er: »Die Gespenster sind grün.«

Leo und Ida standen noch auf dem Bürgersteig.

Ida legte die Hand ans Kinn.

»So ein Mist!«, sagte sie. »Ausgerechnet an meinem Geburtstag!« Sie schaute Leo an. »Ob wir es wohl rüber schaffen?«

Die Sache war: Leo war sich bis zuletzt nicht sicher, ob er die blaue Haustür erreichen würde. Kaum war er über die Bordsteinkante hinaus, verbiss sich ein Piranha in seinem Schuh. Und dem T-Rex entkamen er und Ida bloß, weil so ein T-Rex nur schlecht bremsen kann. Er schoss an Leo und Ida vorbei. Als er die großen Füße ins Wasser stemmte, gab es eine kochend heiße Fontäne.

Leo hörte den T-Rex noch brüllen, als er atemlos durch Idas offene blaue Haustür rannte. Was für ein Glück, dass er ausgerechnet heute übers Wasser laufen konnte!

Ida stand noch draußen vor der blauen Tür. Paul und Josefine waren gerade gekommen, pünktlich zu Idas Party. Leo erkannte ihre Stimmen.

Paul sagte zu Ida: »Herzlichen Glückwunsch!«

Josefine sagte: »Alles Gute.«

Ida sagte zu Paul und Josefine: »Habt ihr schon mal einen so wütenden T-Rex gesehen?«

Annette Pehnt
Bosto

Man kann mit allem Möglichen befreundet sein: mit Kindern, manchmal mit Erwachsenen, natürlich mit Hunden und Meerschweinchen. Man kann mit sich selbst befreundet sein, sagt Majas Lehrerin. »Ja«, sagt sie manchmal, »wenn ihr euch selbst nicht mögt, mögen euch die anderen auch nicht, also freundet euch mit euch an.«

Maja versteht nicht ganz, was die Lehrerin damit meint, aber eigentlich hat sie nichts gegen sich. Aber vor allem ist Maja befreundet mit Bosto, und genau das geht nicht, sagt Majas Mama.

Bosto heißt eigentlich Bernd und ist erwachsen, obwohl er nicht sprechen kann. Früher hat er geredet wie ein Wasserfall, vor allem mit Kindern. Da war er noch Klinikclown. Er hat Maja manchmal von seiner Arbeit erzählt, von den Kindern im Krankenhaus, die sich dort langweilen mussten, bis sie fast verschimmelten, oder die traurig waren, weil sie nicht nach Hause konnten oder weil sie dick wurden von den Medikamenten. Zu denen kam Bosto und heiterte sie auf.

»Was ist das, aufheitern?«, fragte Maja, obwohl sie es genau wusste, und dann zeigte Bosto ihr, wie das ging: Bevor sie zweimal hinschaute, ging er auf den Händen, oder er pfiff wie eine

Amsel, oder er lachte, ohne eine Miene zu verziehen, aus dem Bauch heraus, und sofort mussten alle, die sich um ihn herum versammelt hatten, auch schallend lachen. Bosto blieb immer ernst, bis sich alle vor Lachen krümmten, und dann lachte er mit ihnen. Aber zwischendurch, und das vergaß er nie, zwinkerte er Maja zu und sagte leise: »Siehst du, so geht Aufheitern.«

Er konnte gut Einrad fahren, viel besser als Maja. Sie hatte lange geübt und sich an zwei Weihnachten ein rotes Einrad gewünscht, und beim zweiten Mal hatte es unter dem Weihnachtsbaum gelegen, schlecht eingewickelt, weil es größer und schöner war als jedes Geschenkpapier. Wenn sie auf der Spielstraße hin und her schlingerte, meistens alleine, weil die anderen Kinder es schon konnten oder zu ungeduldig waren, es zu üben, kam manchmal Bosto gerade von der Arbeit, das Einrad unter dem Arm.

»Komm, Bosto«, rief Maja, »heiter mich mal auf!«

Dann schaute Bosto sie einen Augenblick ernst an, bevor er grinste und sagte: »Weißt du, wer heute ein bisschen Aufheiterung braucht, meine kleine Banane?« Maja kicherte und radelte, wild mit den Armen rudernd, in einem großen Bogen um ihn herum, bis er sich erweichen ließ und auf sein Einrad stieg. Sie fuchtelten mit den Armen, Bosto tat so, als fiele er gleich vom Sattel, obwohl er eigentlich viel besser war als Maja, und sie fuhren kreuz und quer über die Spielstraße, und manchmal nahmen sie sich an der Hand und radelten zusammen im Kreis.

Dann passierte etwas mit Bosto, das Maja nicht genau verstand, aber es gab sich auch niemand besondere Mühe, es ihr zu erklären. Jedenfalls war er von den Herbstferien bis Weihnachten weg,

und als er wiederkam, konnte er nicht mehr sprechen. Er wohnte noch in der gleichen Wohnung, schräg gegenüber von Maja, aber dauernd kamen Leute, um ihm zu helfen, sagte Mama. Bosto ging kaum noch auf die Straße, und wenn er doch herunterkam, hatte er ein Gestell, das er vor sich herschob und an dem er sich festhielt. Maja schaute aus dem Küchenfenster und sah, wie Bosto das Gestell langsam über die Spielstraße schob.

»Bosto geht so langsam«, rief sie und wollte gleich zu ihm laufen, aber Mama hielt sie zurück.

»Lass ihn«, sagte sie, »er muss alles wieder lernen.«

»Aber er kann sehr viel!«, rief Maja und fing an aufzuzählen, was Bosto alles konnte, aber Mama schüttelte nur den Kopf. Sie wollte Maja zwischen ihre Knie ziehen, aber Maja sträubte sich.

»Wieso müssen ihm denn so viele Leute helfen?«, fragte Maja.

»Er kann sich nicht mehr selbst helfen«, meinte Mama, aber das verstand Maja nicht.

»Ich bin sein Freund«, sagte sie wütend.

»Das geht nicht«, sagte Mama mit einer geduldigen Seelenruhe, die Maja endgültig auf die Palme brachte, weil Mama so tat, als würde sie sich mit Majas Freunden auskennen. Dabei hat sie viel weniger Freunde als Maja, und wenn sie welche trifft, macht sie sich zurecht, als bekäme sie einen Orden, und zupft unruhig an ihren Haaren. Freunde haben nichts mit Orden zu tun, findet Maja, und dass Bosto seltsam dünne, sehr struppige Haare hat und in der Mitte eine kleine Glatze schimmert, hat sie noch nie gestört.

Vielleicht musste er einfach aufgeheitert werden, dann würde es schon wieder gehen. Maja wartete auf einen günstigen Moment, der bald kam. Das kleine blaue Auto mit der Helferin war gerade weg, Bosto stand allein vor dem Haus, etwas vornübergebeugt, und schaute die Spielstraße hoch und runter, als wartete er auf jemanden. Natürlich wartete er auf Maja, und Mama war gerade in ihrem Arbeitszimmer am Schreibtisch, wo sie zum Glück nicht gestört werden wollte. Also ging Maja schnell nach draußen zu Bosto und stellte sich vor ihn. Er schüttelte den Kopf, als könnte er es nicht glauben.

»Hallo Bosto«, sagte sie. »Soll ich dich ein bisschen aufheitern?« Bosto schaute sie an. Er sah ernst aus, aber ein Mundwinkel wollte grinsen, das sah Maja genau.

»Gut«, sagte sie, »dann pass mal auf, Bosto.« Bosto schnaufte, das hatte er früher nicht getan, aber es störte Maja nicht. Sie wusste, dass er jetzt lieber lachen würde, aber es ging vielleicht nicht so gut mit seinem Mund, der war zu schief. Sie trat vier Schritte zurück, damit er sie besser sehen konnte mit seinem gesenkten Kopf, konzentrierte sich und schlug ein wunderschönes Rad. Eigentlich konnte sie Rad nicht gut, aber dieses Rad war perfekt, Beine gestreckt, alles in einem Schwung, das würde Bosto gefallen, der Räder schlagen konnte wie ein Weltmeister. Und weil sie einmal angefangen hatte, machte Maja gleich weiter, schlug noch ein paar Räder, die vielleicht nicht ganz so großartig waren wie das erste, und dann schüttelte sie sich und machte noch an der Garage einen Handstand, und zuletzt sang sie noch die erste Strophe von »Auf der Mauer auf der Lauer«.

Etwas außer Atem schaute sie zu Bosto hinüber, um zu sehen, ob es geklappt hatte. Er stand auf sein Gestell gestützt und verzog keine Miene, aber Maja sah genau, dass er sich eigentlich krümmen wollte vor Lachen. Er war nur zu verbogen, um es richtig zu tun. Sie ging zu ihm und schaute sich sein Gestell aus der Nähe an.

»Damit kannst du aber nicht Einrad fahren«, meinte sie und Bosto nickte.

Da riss Mama die Tür auf und schrie: »Maja, komm mal ganz schnell rein!«

»Ciao Bosto«, sagte Maja, »ich zeige dir bald noch mehr, ich muss halt noch etwas üben, weißt du.« Bosto nickte wieder, und Maja lief schnell hinüber zu Mama, die in der Tür stand und besorgt aussah.

»Weißt du, Schatz, wir müssen darüber reden, über Bernd.«

»Er heißt Bosto«, rief Maja und schob sich an Mama vorbei in ihr Zimmer, um Hausaufgaben zu machen, und als Mama in ihr Zimmer linste, beugte sie sich konzentriert über das Mathebuch und das konnte Mama ja nur recht sein.

Am nächsten Tag saß Bosto auf der Bank neben dem Spielplatz, das Gestell neben sich geparkt. Maja fand das Gestell hässlich. Sicher machte es Bosto traurig und Traurigmacher sollten nicht dauernd neben den Leuten herumstehen. Sie pflückte Efeu, ein paar Forsythien von den Nachbarn und Gras und bedeckte das Gestell damit so gut wie möglich. Natürlich blitzte überall noch der Stahl durch, zaubern konnte sie nicht. Aber es sah doch besser aus, grüner und mehr wie ein Busch als ein Gestell. Mit einem Busch neben sich konnte Bosto wahrscheinlich fröhlicher sein als vorher.

Sie musterte sein Gesicht. Es war schwer, sich darin auszukennen, weil es anders aussah als früher und weil Bosto einfach nichts sagte, da konnte sie auf ihn einreden, wie sie wollte. Auch jetzt probierte sie es.

»Bist du jetzt fröhlich, wo das dumme Gestell weg ist?«

Bosto nickte.

»Musst du das Gestell jetzt immer haben?«

Er nickte wieder.

»Warum?«

Als er wieder nickte, schaute Maja weg und sagte: »Meine Freundin Lia hat eine Brille gekriegt. Jetzt muss sie beim Ballspielen immer aufpassen, dass die Gläser nicht kaputtgehen. Blöd, oder?«

Bosto nickte.

»Aber weißt du was«, sagte Maja und drehte sich wieder zu ihm, »die Brille, die steht ihr ganz gut.« Da grinste Bosto, auch wenn sein Mund nicht richtig mitspielte, aber Maja konnte es genau erkennen.

Beim Abendbrot erzählte sie nichts von Bosto und seinem Gestell und dem heimlichen Grinsen, weil er ihr Freund war und man unter Freunden auch mal etwas für sich behalten muss.

Jedenfalls kann Bosto jetzt keine Geheimnisse mehr ausplaudern. Und das ist unter Freunden sehr gut.

Die Geschichte meines Opas ③

Die Geschichte meines Opas

Die Geschichte meines Opas

Uri Orlev
Der Junge im Spiegel
Aus dem Hebräischen von Mirjam Pressler

In meinem Zimmer gibt es ein großes Fenster. Morgens, wenn der Vorhang aufgezogen wird, sieht man den Berg und den Turm mit der Uhr und die Stadtmauer der Altstadt. In der Ferne kann man auch Leute erkennen, die den Hügel hinaufgehen oder herunterkommen. Von hier aus, von meinem Zimmer, sehen sie winzig aus.

Nachmittags bringt die Sonne ein ganz anderes Licht in mein Zimmer. Ein bisschen gelb, ein bisschen rötlich, und die Fensterscheiben im Haus gegenüber glänzen. Und noch immer passiert nichts. Es geschieht erst am Abend. Erst wenn das Licht in meinem Zimmer angemacht wird, erst wenn es draußen schon dunkel ist, wenn es Nacht ist.

Dann erscheint in meinem großen Fenster der andere Junge, der aussieht wie ich. Und es erscheint auch sein Zimmer, das aussieht wie mein Zimmer. Er sitzt auf einem Stuhl, der aussieht wie meiner. Er liegt in einem Bett, das aussieht wie meines. Und er spielt mit Spielsachen, die aussehen wie meine. An seiner Wand hängt ein Bild wie an meiner Wand und der Teppich auf seinem Fußboden sieht genau aus wie meiner. Nur das Licht in seinem Zim-

mer ist weniger hell. Alles sieht dort ein bisschen dunkler aus, ein bisschen dämmrig. Aber er wohnt jeden Abend dort, und ich weiß, dass ich ihn ganz bestimmt sehe, sobald Mama das Licht in meinem Zimmer anmacht.

Manchmal macht er mir ein bisschen Angst, weil man ihn nicht ganz deutlich erkennt und weil er nichts sagt. Er schaut mich nur aus der Dunkelheit an.

Mama lacht und sagt, er sei nur mein Spiegelbild, es gebe keinen Grund, sich zu fürchten. Vielleicht stimmt das ja, trotzdem sieht alles ganz echt aus. Er hängt in der Luft und fällt nicht runter. Manchmal mache ich mir Sorgen, weil mir sein Zimmer ein bisschen zu luftig vorkommt.

Zum Beispiel leuchten bei ihm die Laternen von der anderen Straßenseite durch die Wände, auch die Scheinwerfer, die die Stadtmauer anstrahlen. Bei mir geht das Licht nicht durch die Wände, nur durch die Fensterscheibe.

Jeden Abend, bevor Mama das Licht ausmacht, sage ich: »Gute Nacht, Spiegelbildjunge.« Wenn ich vergesse, ihm »gute Nacht« zu sagen, kann ich nicht einschlafen. Ich rufe Mama, damit sie das Licht schnell noch mal anknipst, und dann liegen wir beide schon im Bett.

»Gute Nacht, Spiegelbildjunge.«

Abends ist er immer da, weil er da sein muss. Er muss in sein Zimmer gehen und schlafen. Ob er auch da war, als wir zu Oma und Opa gefahren sind? Ich habe vorher zu ihm gesagt, er könne an diesen Tagen mein Zimmer benutzen, in meinem Bett schlafen, sich mit meiner Decke zudecken und mit meinen Spielsachen spielen. Ich weiß nicht, ob er es gehört hat, weil er nie etwas sagt und niemals antwortet. Ich wüsste gern, was er tagsüber tut, wenn ich draußen bin. Das interessiert mich wirklich sehr.

Einmal habe ich gesehen, dass er traurig war. Er hat nicht gelacht und in der Nacht habe ich von ihm geträumt. Er ist zu mir ins Zimmer gekommen, hat sich über mein Bett gebeugt und gesagt: »Alles liegt nur daran, dass ich keinen Bruder habe, der das Zimmer mit mir teilt. Der mit mir spielt und bei mir schläft.«

Am nächsten Tag dachte ich die ganze Zeit über meinen Traum nach und beschloss schließlich, ihm zu einem Bruder zu verhelfen. Erst sprach ich mit Mama. Dann mit Papa.

Ich sagte: »Das ist nicht fair. Ihr schlaft nachts zusammen in einem Zimmer und ich muss ganz allein schlafen. Und wenn das Licht aus ist, sieht man noch nicht mal den Jungen. All meine Freunde haben Brüder oder Schwestern. Ich wünsche mir einen großen Bruder, der in der Schule auf mich aufpasst und mit mir spielt.«

Papa lachte. »Einen großen Bruder kannst du nicht bekommen,

du kannst höchstens selbst der große Bruder sein.«
Gut, ich wäre auch mit einem kleinen Bruder zufrieden.

Aber am Ende wurde es eine Schwester und Mama wollte sie dem Spiegelbildjungen nicht geben. Auf keinen Fall. Sie sagte, ein echtes Kind könne nicht in einem durchsichtigen Zimmer leben. Es würde hinunterfallen. Was konnte man machen? Ich schlug vor, meine kleine Schwester in meinem Zimmer schlafen zu lassen, dann hätte er auf der Stelle auch eine.

Meine kleine Schwester wurde in mein Zimmer gebracht. Dann warteten wir auf den Abend. Und tatsächlich – als das Licht anging, war die kleine Spiegelbildschwester schon in seinem Zimmer. Aber sie weinte nicht, so wie meine.

Das ist die Geschichte, wie ich dem Spiegelbildjungen in meinem großen Fenster zu einer Schwester verholfen habe und bei dieser Gelegenheit selbst eine bekam. Sie wird noch ein bisschen wachsen und dann habe ich auch jemanden zum Spielen. Mal sehen.

Franz Hohler

Der kluge Bär

Ein Mädchen wohnte einmal, das ist lange her, ganz allein im Wald. Wie es dazu kam, dass niemand sonst bei ihm war, weiß ich nicht, ich weiß nur, dass es recht gefährlich war, gerade früher, als es noch Räuber, Geister und wilde Tiere gab.

Das Mädchen bekam das auch zu spüren.

Jeden Tag wenn es wegging, schlich ein böser Zwerg in sein Häuschen und stürzte Tisch, Bett und Stühle um, zerschlug auch alles Geschirr, das er erreichen konnte, und richtete überhaupt eine entsetzliche Unordnung an. Das Mädchen hatte es zuerst mit Güte versucht und dem Zwerg ein Breilein hingestellt oder ein neues Jäckchen gestrickt, aber es erntete nur Hohn und ärgere Verwüstungen, jetzt lag sogar der ausgeleerte Abfallkübel unter der Bettdecke.

Da bastelte es eine Zwergenfalle, doch der Zwerg war viel zu schlau, um hineinzutreten. Das Mädchen dachte schon daran, sein Waldhäuschen für immer zu verlassen, da klopfte eines Abends ein Bär an seine Türe. Es machte ihm auf und teilte mit ihm sein Abendessen, und das traf sich sehr gut, denn es gab Honigbrote. Der Bär strich sich nachher mit der Pfote über die Schnauze und sagte:

»Mädchen, Mädchen süß und weich, Schwimm am Morgen in dem Teich!«

Dann legte er sich gleich hinter die Haustüre und begann zu schlafen.

Am andern Morgen war der Bär verschwunden, aber das Mädchen erinnerte sich an seine Worte und dachte: »Vielleicht ist da etwas dran.«

Es ging zum Waldteich, der in der Nähe seines Häuschens war, legte seine Kleider unter eine alte Eiche und schwamm zum Seeroseninselchen hinaus. Kaum hatte es ein paar Züge gemacht, flitzte der Zwerg aus einem Baumspalt und nahm mit einen hässlichen Lachen die Kleider des Mädchens unter den Arm. Darauf hatte der Bär gewartet, der sich hinter dem Eichenbaum versteckt hielt. Mit einem kräftigen Prankenschlag tötete er den bösen Zwerg und gab dem Mädchen seine Kleider zurück.

Das Mädchen war sehr glücklich. Es dankte dem Bären und sagte zu ihm: »Sicher bist du ein verzauberter Prinz. Sag mir, wie ich dich erlösen kann.«

»I wo«, sagte der Bär, »ich bin ein Bär und fühle mich wohl. Als Mensch käme ich mir schön blöd vor.«

Trotzdem kam er von jetzt an jeden Abend in das Häuschen des Mädchens zum Nachtessen, schlief die Nacht hinter der Haustüre und ging beim Morgengrauen wieder fort, und die beiden blieben gute Freunde ihr Leben lang.

Kenneth Grahame

Der Fluss

Aus dem Englischen von Harry Rowohlt

Den ganzen Vormittag hatte der Maulwurf geschuftet: In seinem kleinen Haus war der Frühjahrsputz ausgebrochen. Zuerst mit Besen und Staubtuch, dann auf Leitern und Trittleitern und Stühlen und drittens mit Pinsel und Tünche. Bis er Staub in Gurgel und Augen hatte und Placken weißer Tünche auf dem schwarzen Pelz und ein Reißen im Rücken und Schmerzen in den Armen. Der Frühling rumorte oben in der Luft herum und unten in der Erde herum und rund um den Maulwurf herum. Er drang in sein dunkles und bescheidenes Haus und brachte seine eigenen Launen mit: die Unzufriedenheit der Götter und die Sehnsucht. So kann es nicht erstaunen, wenn der Maulwurf plötzlich den Pinsel zu Boden schleuderte, »Schwachsinn!« und »Mit mir nicht!« sagte sowie »Zum Henker mit dem Frühjahrsputz!«, und aus dem Haus schoss, ohne auch nur einen Mantel überzuziehen. Er wurde da oben verlangt, ganz dringlich, und er hastete zu dem steilen, engen Tunnel, der ihm als Einfahrt diente. Andere Tiere, deren Haus in Licht, Luft und Sonnenschein steht, benutzen breite Kieswege, aber der Maulwurf musste kratzen und krabbeln und kriechen und kramen, und dann wieder kramte und kroch und krabbelte und kratzte er und war mit seinen kleinen Klauen schwer beschäftigt und meckerte »Hops und hoch! Hops und hoch!«, bis sein Nasenrüssel endlich – plopp! – herauskam in den Sonnenschein. Dann merkte der Maulwurf, dass er sich auf einer großartigen Wiese wälzte.

»Dies ist sehr gut«, bemerkte der Maulwurf bei sich. »Dies ist weit besser als Tünchen.« Die Sonne brannte ihm auf den Pelz, eine feine Brise kühlte ihm die heiße Stirn, und nachdem er so lange eingekellert gewesen war, wirkte der Jubel der freundlichen Vögel auf ihn wie Geschrei. Alle vier Beine sprangen mit ihm in die Luft: Das Leben war lebenswert und schön war der Frühling ohne Frühjahrsputz. So kobolzte er über die Wiese bis zur Hecke auf der anderen Seite.

»Keinen Schritt weiter«, sagte ein nicht mehr ganz junges Kaninchen. »Das Passieren dieser Privatstraße kostet einen Groschen!«

Im selben Augenblick hatte der ungeduldige und übermütige Maulwurf das Kaninchen aufs Kreuz gelegt. Er trabte weiter an der Hecke entlang und verdummbeutelte die anderen Kaninchen, die eilig aus ihren Löchern linsten, um zu sehen, was es mit diesem Skandal auf sich habe.

»Zwiebelsoße! Zwiebelsoße!«, bemerkte er höhnisch und war

Der Fluss 131

auch schon verschwunden, bevor sich die Kaninchen eine durch und durch befriedigende Antwort ausgedacht hatten. Und dann fingen sie an aufeinander herumzuhacken: »Wie dumm du bist! Warum hast du ihm nicht gesagt, dass …«

»… und warum hast du es ihm nicht gesagt?«

»Du hättest ihn immerhin daran erinnern können, dass …« – und so weiter, wie man das immer macht. Aber es war natürlich schon viel zu spät, wie es dann immer schon viel zu spät ist.

Es schien alles zu schön, um wahr zu sein. Eilig streifte der Maulwurf hierher und dorthin, streifte an den langen Hecken vorbei und durch das Unterholz und fand überall Vögel beim Nestbau, Blumen beim Knospen und Blätter beim Grünwerden. Alle waren fröhlich, alle wurden etwas und alle hatten viel zu tun. Sein Gewissen verhielt sich ganz ruhig: Es quälte ihn nicht und flüsterte ihm nicht »Tünche!« ins Ohr. Stattdessen fühlte er sich prächtig – als einziger Faulpelz unter all diesen tüchtigen Mitbürgern. In den Ferien ist vielleicht nicht das Nichtstun am schönsten, sondern: das Anderen-Leuten-beim-etwas-Tun-Zusehen.

Sein Glück schien vollkommen, als er nach langem ziellosen Umherstrolchen plötzlich einen randvoll mit Wasser gefüllten Fluss fand. Er hatte noch nie einen Fluss gesehen: so ein glattes, gewundenes, pralles Tier, kollernd und kichernd, das Sachen gurgelnd ergreift und lachend wieder fahren lässt, um sich auf neue

Spielgefährten zu stürzen, die sich von ihm losreißen, um sich noch einmal fangen zu lassen. Er bebte und bibberte, glänzte und glibberte und sprühte Funken, er rauschte und strudelte, schwatzte und blubberte. Der Maulwurf war bezaubert, verhext und angetan. Er trabte am Fluss entlang, wie jemand, der noch sehr klein ist, neben jemandem einhertrabt, der einem atemberaubende Geschichten erzählt. Als er schließlich erschöpft war, setzte er sich ans Ufer und lauschte dem Fluss, der weiter mit ihm schwatzte: ein plappernder Aufmarsch der besten Geschichten der Welt. Sie kamen aus dem Herzen der Erde und bald sollte der Fluss sie an das unersättliche Meer weitererzählen.

Der Maulwurf saß im Gras und blickte über den Fluss und ein dunkles Loch am anderen Ufer stach ihm angenehm ins Auge: Ein wenig über dem Wasser gelegen, gab es ihm träumerische Überlegungen ein. Für ein Tier von geringen Ansprüchen, das gern am Fluss, aber über dem Wasser wohnte, wo es weder Lärm noch Staub gibt, wäre dies ein behaglicher Platz zum Leben. Während er auf das Loch starrte, blitzte etwas Kleines kurz auf und verlosch und blinkte wieder auf wie ein ganz kleiner Stern. Aber es konnte sich in dieser Umgebung kaum um einen Stern handeln und für ein Glühwürmchen war es zu klein und glänzend. Und dann zwinkerte es ihm zu, und er merkte, dass es ein Auge war; und nach und nach wuchs ein Gesicht um das Auge – wie ein Bilderrahmen um ein Bild.

Der Fluss

Ein kleines, braunes Gesicht mit einem Schnurrbart.

Ein feierliches, rundes Gesicht, das immer noch dieses Zwinkern im Auge hatte.

Schlichte, kleine Ohren und dickes, seidiges Haar.

Es war die Wasserratte!

Die beiden Tiere standen still und beäugten einander sorgfältig.

»Hallo, Maulwurf«, sagte die Wasserratte.

»Hallo, Wasserratte«, sagte der Maulwurf.

»Hättest du Lust herüberzukommen?«, fragte die Ratte sofort.

»Unterhalten kann man sich doch auch so«, sagte der Maulwurf ziemlich verdrießlich, weil er noch nie an einem Fluss gewesen war und nicht wusste, wie man sich an Flüssen verhält.

Die Ratte sagte nichts, sondern bückte sich, entknotete ein Seil und zog daran. Dann stieg sie in ein Boot, das der Maulwurf nicht bemerkt hatte. Außen war es blau und innen weiß und es hatte genau die richtige Größe für zwei Tiere. Der Maulwurf verliebte sich sogleich in das Boot, obwohl er noch nicht so ganz wusste, was man damit macht.

Die Ratte ruderte geschickt herüber und vertäute das Boot. Dann hielt sie dem Maulwurf die Vorderpfote entgegen und der Maulwurf stapfte heiter nach unten. »Stütz dich drauf«, sagte sie, »nur nicht schüchtern.« Und bestürzt und begeistert zugleich fand sich der Maulwurf im hinteren Teil eines richtigen Bootes wieder.

»Dies ist ein herrlicher Tag«, sagte er, während die Ratte sich ab-

stieß und den Rudern zuwandte. »Weißt du was? Ich habe noch nie in einem Boot gesessen.«

»Was?«, rief die Ratte mit offenem Mund. »Du hast noch nie in einem ... du hast noch nie ... da soll doch ... aber was hast du dann die ganze Zeit getrieben?«

»Ist es denn so schön?«, fragte der Maulwurf schüchtern, obwohl er durchaus darauf vorbereitet war, es auch so schön zu finden, als er sich in seinem Sitz zurücklehnte und die Kissen und Paddel und Rudergabeln und die ganze wunderschöne Ausstattung betrachtete und spürte, wie sich das Boot sanft unter ihm bewegte.

»Schön? Es ist das Einzige, was man überhaupt machen kann«, sagte die Wasserratte feierlich und legte sich kräftig in die Riemen. »Glaube mir, mein junger Freund: Es gibt nichts, aber auch gar nichts, was annähernd so schön wäre, wie einfach so mit dem Boot herumzugondeln. Einfach so«, fuhr sie träumerisch fort, »einfach so herumgondeln. Mit dem Boot. Immer herum ...«

»Vorsicht, Ratte! Da vorne!«, rief plötzlich der Maulwurf. Zu spät. Das Boot knallte voll gegen das Ufer. Der Träumer, der fidele Paddler, lag rücklings auf dem Boden seines Bootes und streckte die Beine in die Luft.

»... mit dem Boot. Oder mit anderen Booten«, fuhr die Ratte gelassen fort und stand mit einem angenehmen Lachen wieder auf. »Im Boot oder draußen, was macht das schon. Es macht alles

nichts, das ist ja gerade der Reiz daran. Ob man wegkommt oder nicht, ob man dorthin kommt, wohin man wollte, oder woandershin hin, oder ob man nie irgendwohin kommt, man hat immer zu tun, ohne etwas Bestimmtes zu tun. Und wenn man es getan hat, gibt es immer etwas anderes zu tun, was man tun kann, wenn man will, obwohl ich davon abrate. Hör mal! Wenn du heute Vormittag wirklich nichts anderes zu tun hast, könnten wir doch den Fluss hinunterfahren und uns einen langen Tag machen?«

Der Maulwurf wackelte vor Glück mit den Zehen, füllte seine Lungen mit einem Seufzer der Zufriedenheit und lehnte sich genussvoll in seinen Kissen zurück. »Oh, doch: ein herrlicher Tag«, sagte er. »Wir wollen gleich damit anfangen.«

»Minute noch«, sagte die Ratte. Sie verknotete das Seil an einem Ring an ihrem Landungssteg, kletterte in ihr Loch und kam kurze Zeit später, unter einem dicken Picknickkorb schwankend, wieder zum Vorschein.

»Schieb dir das unter die Füße«, empfahl sie dem Maulwurf, als sie den Korb ins Boot wuchtete. Dann entknotete sie das Tau und übernahm die Ruder.

»Was ist denn drin?«, fragte der Maulwurf, sich vor Neugier windend.

»Kaltes Huhn«, antwortete die Ratte kurz, »kalte Zunge, roher Schinken, gekochtes Rindfleisch, saure Gurken, Salat, Butterhörn-

chen, Brunnenkresse mit Öl und Zitrone, Fleischpastete, Brauselimonade, Bitzelwasser ...«

»Hör auf, hör auf«, rief der Maulwurf inbrünstig. »Das ist zu viel!«

»Glaubst du wirklich?«, fragte die Ratte ganz ernst. »Ich nehme das immer auf diese kleinen Spritztouren mit. Und die anderen Tiere sagen immer, ich sei geizig wie ein ...«

Der Maulwurf hörte gar nicht mehr zu. Dieses neue Leben hatte ihn eingefangen, hatte ihn mit Glitzern, Kräuseln und Duft und Geräusch und Sonnenschein berauscht. Er steckte eine Pfote ins Wasser und träumte ausgiebige Tagträume. Die Wasserratte, verständnisvoll wie sie war, ruderte gleichmäßig und störte ihn nicht.

»Dein Anzug gefällt mir ungeheuer«, sagte sie schließlich nach etwa einer halben Stunde. »Ich werde mir auch so einen schwarzen Frack bauen lassen, wenn ich's mir leisten kann.«

»Ich bitte vielmals um Entschuldigung«, sagte der Maulwurf und nahm sich ganz gewaltig zusammen. »Du musst mich für ziemlich unhöflich halten, aber hier ist alles so neu für mich. Dies also ist ... dies ist also ... ein Fluss!«

»Der Fluss«, berichtigte die Ratte.

»Und du lebst wirklich am Fluss? Was für ein edles Leben!«

Am Fluss und mit dem Fluss und auf dem Fluss und im Fluss«, sagte die Ratte. »Er ist Bruder und Schwester für mich und Tan-

ten und Gesellschaft und (natürlich) Waschgelegenheit. Er ist meine Welt und ich brauche keine andere. Was er nicht hat, das braucht man nicht, und was er nicht weiß, ist nicht wissenswert. Was wir schon miteinander durchgemacht haben! Ob Winter, ob Sommer, Frühling oder Herbst, immer Spaß und Wonne. Wenn im Februar die Flut kommt und der ganze Keller voller Flüssigkeit steht, die man nicht trinken kann, läuft mir das braune Wasser zum besten Schlafzimmerfenster herein. Und wenn es dann abläuft, bleiben Lehmklumpen zurück, die nach Pflaumenkuchen riechen. Entengrütze und Unkraut verstopfen sämtliche Kanäle, und wenn ich alles beiseitegeräumt habe, finde ich ganz frische Nahrung sowie Sachen, die man achtlos über Bord geworfen hat!«

»Das wird aber doch manchmal ein bisschen langweilig«, wandte der Maulwurf tapfer ein. »Nur du und der Fluss – und niemand, mit dem man sich richtig unterhalten kann?«

»Niemand, mit dem man sich ... Nun, ich will nicht ungerecht sein«, sagte die Ratte nachsichtig. »Du bist neu hier und weißt natürlich noch nichts. Der Fluss ist sogar so überfüllt, dass mancher bereits fortzieht. Nein, es ist wirklich nicht mehr so, wie es war. Fischotter, Königsfischer, Zwergtaucher, Blesshühner – und das den ganzen Tag, und immer wollen sie, dass man etwas unternimmt, als hätte man nicht schon genug um die Ohren!«

»Und was ist das da drüben?«, fragte der Maulwurf. Er wedelte

mit einer seiner Pfoten dorthin, wo ein dunkler, bewaldeter Hintergrund die sumpfigen Wiesen auf der anderen Seite des Flusses einrahmte.

»Das? Och, das ist nur der Wilde Wald«, sagte die Ratte kurz angebunden. »Wir Leute vom Fluss gehen da nicht so oft hin.«

»Wohnen da denn nicht sehr nette Leute?«, fragte der Maulwurf ein wenig nervös.

»N-u-n«, antwortete die Ratte, »lass mich überlegen. Die Eichhörnchen sind in Ordnung. Die Kaninchen auch, jedenfalls einige; Kaninchen sind ziemlich verschieden. Und dann wohnt natürlich noch der Dachs dort. Mittendrin wohnt er und umziehen würde er nicht für Geld und gute Worte. Guter, alter Dachs! Sie lassen ihn in Ruhe. Und sie tun gut daran«, fügte die Ratte mit deutlicher Betonung hinzu.

»Und warum sollten sie ihn nicht in Ruhe lassen?«, fragte der Maulwurf.

»Es gibt immer solche und solche«, erklärte die Ratte zögernd. »Wiesel – und Hermeline – und Füchse – und – so weiter. Sie sind in ihrer Art schon in Ordnung; wir sind sehr gute Freunde; wir gehen zusammen aus, wenn wir uns treffen und so weiter; aber manchmal werden sie komisch, muss man leider sagen, und dann ... man kann ihnen eben nicht wirklich über den Weg trauen. Tatsache.«

Der Maulwurf wusste sehr wohl, dass es sich unter Tieren nicht

schickt, bei heiklen Themen zu verweilen oder auch nur auf sie anzuspielen, und so gab er sich mit dem Gehörten zufrieden. »Und was ist hinter dem Wilden Wald?«, fragte er. »Das, was so blau und dunstig ist. Hügel sieht man auch, aber vielleicht sind es gar keine Hügel. Und den Rauch von Städten sieht man, aber vielleicht sind es nur Wolkenfetzen.«

»Hinter dem Wilden Wald kommt die weite Welt«, sagte die Ratte. »Und die geht uns nichts an, dich nicht und mich auch nicht. Ich war noch nie drin und ich gehe auch nicht hinein, und du schon gar nicht, wenn du ein bisschen Verstand hast. Sprich bitte nie wieder davon. Na, bitte! Hier ist unser kleiner Stausee. Jetzt gibt es gleich das Mittagessen.«

Sie verließen die Strömung des Flusses und glitten in etwas, das aussah wie ein kleiner, künstlicher See. Rundherum wuchs grünes Gras, glänzende Wurzeln wanden sich unter der stillen Oberfläche und vor ihnen blinkte der silberne First eines kleinen Wasserfalls mit schäumendem Getümmel darunter. Dazu gehörte ein rastlos tropfendes Mühlrad und zu dem Mühlrad gehörte eine Wassermühle mit grauem Giebel. Das Ganze erfüllte die Luft mit einem sanften Geräuschgemurmel, undeutlich und gedämpft. Und manchmal konnte man ganz klare, aber leise Stimmen hören. Das war alles so schön, dass der Maulwurf nur die Vorderpfoten heben und dreimal »Au, warte!« sagen konnte.

Die Ratte steuerte den Kahn längsseits ans Ufer, legte an, half

dem immer noch etwas unbeholfenen Maulwurf sicher aufs Trockene und hievte den Picknickkorb aus dem Boot. Der Maulwurf bat ihn, ganz allein auspacken zu dürfen. Die Wasserratte erlaubte ihm das nur zu gern und streckte sich in ganzer Länge auf dem Gras aus, um ein wenig zu ruhen. Ihr aufgeregter Freund dagegen ruhte nicht, bis er das Tischtuch geschüttelt und ausgebreitet hatte. Dann förderte er ein geheimnisvolles Paket nach dem anderen zutage, stellte alles in der richtigen Anordnung auf und keuchte »Au, warte! Au, warte!«, wenn er wieder etwas Neues gefunden hatte. Als alles fertig war, sagte die Ratte: »Greif zu, alter Knabe!« Der Maulwurf ließ sich dies nicht zweimal sagen, denn er hatte sehr früh mit dem Frühjahrsputz begonnen, wie es sich ja wohl auch gehört, und für einen kleinen Mundvoll war keine Zeit geblieben. Das alles war schon lange her – Tage, wie es ihm schien.

Als sie den gröbsten Hunger etwas besänftigt hatten, fragte die Ratte: »Was betrachtest du denn da?« Der Maulwurf, der eigentlich gar nichts betrachtet hatte, ließ seine Augen über das Wasser schweifen.

»Ich betrachte«, sagte er dann, »mehrere Luftblasen, die sich auf dem Wasser bewegen. Sie scheinen mir an diesem Ort nicht angebracht.«

»Luftblasen? Oho?«, sagte die Ratte und schnalzte unbekümmert mit der Zunge. Das Schnalzen klang einladend.

Der Fluss

Eine breite, blanke Schnauze zeigte sich am Ufer. Der Fischotter schwang sich an Land und schüttelte sich das Wasser aus dem Pelz.

»Nichtswürdige Geizhälse«, bemerkte er und näherte sich dem Proviant. »Warum hast du mich nicht eingeladen, Rattenschatz?«

»Dies ist nur ein improvisierter kleiner Ausflug«, erklärte die Ratte. »Dies ist übrigens ein Freund von mir – ein gewisser Maulwurf.«

»Freut mich und ehrt mich«, sagte der Fischotter und von Stund an waren sie die dicksten Freunde.

Von dort, wo sie jetzt saßen, konnten sie ein Stück Fluss überblicken. Es war nur ein bisschen Land dazwischen. Plötzlich kam ein Rennboot in Sicht. Der Ruderer, eine gedrungene, untersetzte Erscheinung, spritzte mehr als nötig mit Wasser und rutschte oft genug aus, gab aber insgesamt sein Bestes. Die Ratte erhob sich und rief ihm einen Gruß zu, aber der Kröterich – denn um niemand anderen handelte es sich – schüttelte den Kopf und ruderte verbissen weiter.

»Wenn er so weitermacht, fällt er in der nächsten Minute aus dem Boot«, sagte die Ratte und setzte sich wieder.

»Natürlich.« Der Otter rieb sich vergnügt die Hände.

»Habe ich euch je die gute Geschichte vom Kröterich und dem Schleusenwärter erzählt? Also, das kam so: Kröterich ...«

Eine umherschweifende Eintagsfliege taumelte auf die Strö-

mung zu – wie es die Art von Eintagsfliegen ist, wenn sie jung sind und berauscht vom ersten Augenblick des Lebens. Ein kleiner Wirbel im Wasser und ein »Glubb!«, und von der Eintagsfliege war nichts mehr zu sehen.

Vom Fischotter war auch nichts mehr zu sehen.

Der Maulwurf sah nach unten. Er hatte die Stimme noch im Ohr, aber das Gras, auf dem der Otter sich gerekelt hatte, war eindeutig verwaist. Bis zum fernen Horizont war kein Otter zu sehen.

Aber wieder bewegte sich eine Spur von Luftblasen auf dem Wasser.

Die Ratte summte einen kleinen Gesang, und der Maulwurf bedachte, dass es sich unter Tieren nicht schickt, das plötzliche Verschwinden von Freunden in irgendeiner Form zu kommentieren, jetzt nicht und auch später nicht, nicht aus diesem Grunde und schon gar nicht aus anderen Gründen.

»Nunmehr«, sagte die Ratte, »sollten wir vielleicht aufbrechen. Wer packt den Picknickkorb wieder zusammen?« Es hörte sich nicht so an, als sei ihr der Gedanke unerträglich, ein anderer als sie könne den Picknickkorb wieder zusammenpacken.

»Könnte ich das vielleicht übernehmen?«, fragte der Maulwurf. Die Ratte ließ ihn gern gewähren.

Das Einpacken war nicht ganz so kurzweilig wie das Auspacken. Das ist es aber nie. Der Maulwurf jedoch war fest entschlossen,

alles wunderschön zu finden. Als er den Korb wieder voll gepackt und ordentlich verschnürt hatte, starrte ihm ein Teller aus dem Gras entgegen. Und als er wieder fertig war, deutete die Ratte auf eine Gabel, die wirklich jeder hätte sehen müssen. Und als auch das – halt! –, der Mostrichtopf, auf dem er die ganze Zeit gesessen hatte, verstaut war, war die Sache ausgestanden.

Die Nachmittagssonne stand schon ziemlich niedrig und die Ratte ruderte heimwärts. Sie hing ihren Träumen nach und murmelte sich Selbstgedichtetes in den Bart, ohne sich übermäßig um den Maulwurf zu kümmern. Aber der Maulwurf war voller Stolz, voller Selbstzufriedenheit und voller Mittagessen und er fühlte sich auf dem Boot schon ganz wie zu Hause (dachte er jedenfalls). Überdies wurde er etwas ungeduldig und schon sagte er: »Bitte, liebe Ratte, ich möchte auch mal rudern.«

Die Ratte schüttelte lächelnd den Kopf. »Noch nicht, mein junger Freund«, sagte sie. »Warte, bis du ein paar Unterrichtsstunden genommen hast. Es ist nicht so leicht, wie es aussieht.«

Ein bis zwei Minuten war der Maulwurf still. Aber er wurde immer neidischer auf die Ratte, die so kräftig und leichthin rudern konnte, und sein Ehrgeiz begann ihm einzuflüstern, dass er es aber mindestens haargenau so gut könne wie die Ratte. Er sprang auf und packte die Ruder. Dies geschah so unerwartet, dass die Ratte, die schwärmerisch über das Wasser blickte und noch mehr Selbstgedichtetes in ihren Bart aufsagte, zum zweiten Mal

nach hinten abkippte, wobei sie wieder die Beine in die Luft reckte. Der Maulwurf nahm triumphierend ihren Platz ein und ergriff die Riemen voller Selbstvertrauen.

»Hör doch auf damit, du dämliches Stück«, rief die Ratte aus der Tiefe ihres Bootes. »Das kannst du nicht! Du bringst uns nur zum Kentern!«

Glühend vor Eifer stieß der Maulwurf die Ruder hinter sich und holte mit großer Gebärde nach dem Wasser aus. Er verfehlte es um Längen, seine Beine flogen ihm über den Kopf und dann lag er auch schon auf der hilflosen Ratte. Angstvoll versuchte er sich am Bootsrand festzuhalten und im nächsten Augenblick – Schwaps!

Das Boot kenterte und er strampelte im Fluss.

Das Wasser war kalt und fühlte sich schon sehr nass an. Es sang in seinen Ohren, als er hinunter und hinunter und hinunter sank. Die Sonne dagegen sah strahlend und willkommen aus, als er hustend und Wasser speiend wieder auftauchte. Und seine Verzweiflung war dumpf, als er spürte, dass er wieder sank. Dann ergriff ihn eine energische Pfote am Schlafittchen. Es war die Ratte und die Ratte lachte, das war ganz klar. Der Maulwurf fühlte, dass die Ratte lachte; das Gelächter kam durch den Arm der Ratte, durch ihre Pfote und dann geradewegs dem Maulwurf ins Schlafittchen.

Die Ratte fing eines der Ruder ein und schob es dem Maulwurf unter den Arm. Dann steckte sie es ihm noch unter den anderen Arm und schob das hilflose Tier schwimmend vor sich her zum

Ufer. Dort zog sie es an Land und setzte das triefende, schlammige Häufchen Unglück ins Gras.

Nachdem die Ratte ihn ein bisschen abgerubbelt und durchgeknetet hatte, sagte sie: »Auf geht's, alter Knabe! Lauf, so schnell du kannst, den Treidelpfad rauf und runter, bis du wieder warm und trocken bist. Ich tauche inzwischen nach dem Picknickkorb.«

So trabte der unselige Maulwurf, außen pudelnass und innen tief beschämt, auf und ab, bis er einigermaßen trocken war. Die Ratte stürzte sich unterdessen ins Wasser, holte das Boot ein und machte es fest. Dann fing sie ihr stromabwärts treibendes Hab und Gut allmählich wieder ein und tauchte erfolgreich nach dem Picknickkorb und schaffte ihn an Land.

Als wieder alles fertig war zum Aufbruch, bestieg der Maulwurf schlapp und niedergeschlagen seinen Platz am hinteren Ende des Bootes. Beim Ablegen sagte er leise und voller Gefühl: »Ratte, du großherziger Freund! Ich bedaure mein törichtes und undankbares Benehmen zutiefst. Das Herz bleibt mir stehen, wenn ich bedenke, dass jener wunderbare Picknickkorb beinahe verloren gegangen wäre. Ich war wirklich ein Stiesel, das weiß ich jetzt. Kannst du mir für diesmal noch verzeihen, damit wir neu anfangen können, als sei nichts geschehen?«

»Das geht in Ordnung, Gott segne dich«, antwortete die Ratte vergnügt. »Was ist schon so ein bisschen Wasser für eine alte Wasserratte! Meistens bin ich ohnehin mehr im Wasser als draußen.

Mach dir keine Gedanken mehr darüber. Hör zu, ich glaube wirklich, du solltest ein paar Tage bei mir bleiben. Meine Wohnung ist zwar ziemlich schlicht – bei Weitem nicht so fein wie das Haus vom Kröterich –, aber du wirst es bestimmt bei mir aushalten können. Und ich werde dir beibringen, wie man rudert und schwimmt, und bald wirst du so geschickt mit dem Wasser umgehen können wie unsereins.«

Von dieser freundlichen Ansprache war der Maulwurf so beeindruckt, dass ihm die Stimme versagte, als er etwas antworten wollte. So wischte er sich mit der Pfote nur ein Tränchen oder zwei vom Gesicht. Die Ratte blickte freundlicherweise in eine andere Richtung und bald hatte sich die Stimmung des Maulwurfs merklich gehoben. Er war sogar schon wieder beherzt genug, einigen Teichhühnern, die sich über seine Erscheinung lustig machten, ein paar deftige Widerworte zu geben.

Zu Hause angekommen entfachte die Ratte ein schönes Feuer in der Halle und pflanzte den Maulwurf in einen Sessel vor dem Kamin, nachdem sie ihm Morgenrock und Pantoffeln geholt hatte. Dann erzählte sie ihm Flussgeschichten, bis es Zeit zum Abendessen war. Für eine alte Landratte wie den Maulwurf waren diese Geschichten besonders aufregend: Geschichten von Dämmen und von der Springflut, Geschichten vom Hecht, der springen kann, und von Dampfern, die mit harten Flaschen schmeißen (auf jeden Fall wurden die Flaschen geschmissen, und da sie immer von

Der Fluss 147

Dampfern heruntergeschmissen wurden, waren es wohl die Dampfer, die dahintersteckten), Geschichten von den Reihern, die so wählerisch sind in ihrem Umgang, Geschichten von Abflussröhren und nächtlichen Fischzügen mit dem Otter und Ausflügen querfeldein mit dem Dachs. Ein sehr vergnügliches Abendessen war das, aber bald danach musste der fürsorgliche Gastgeber einen überaus schläfrigen Maulwurf treppauf ins beste Schlafzimmer geleiten. Wunschlos zufrieden bettete er sein Haupt auf ein Kissen. Er wusste, dass der Fluss, sein neuer Freund, vor dem Fenster wachte.

Und dies war nur der erste Tag. Viele ähnliche Tage folgten, und für den Maulwurf in seiner Freiheit war jeder Tag interessanter und auch länger als der vorangegangene, denn der Sommer näherte sich seinem Höhepunkt. Er lernte Schwimmen und Rudern und er lernte die Wonnen des wilden Wassers schätzen. Manchmal legte er das Ohr an die Schilfrohre, und manchmal verstand er, was der Wind sagen wollte, wenn er durchs Röhricht wisperte.

Erwin Moser

Der einsame Frosch

Es war einmal ein schöner, grüner Frosch. Er war im Schilfdickicht eines großen Weihers zur Welt gekommen, weit abseits aller anderen Frösche und Lebewesen, die den Weiher bewohnten. Er hatte noch nie in seinem Leben einen anderen Frosch gesehen und auch keins der anderen Tiere; denn er war nie aus dem Schilfwald herausgekommen. Der Frosch glaubte, dass die ganze Welt nur aus Schilf bestehe und dass er das einzige Lebewesen überhaupt sei. Er wusste es nicht besser. Aber an manchen Tagen befiel ihn ein ganz und gar unerklärliches Gefühl, eine Art Traurigkeit und tiefe Sehnsucht, und er verspürte einen geheimnisvollen, starken Drang, mit jemandem zu sprechen. Aber da war niemand, nur Schilf und Wasser und blitzende Sonnenstrahlen, hoch oben in den Wipfeln des Rohrs. An solchen Tagen sang der Frosch mit seiner spröden, traurigen Stimme, und das half ihm, seine schmerzende Sehnsucht zu dämmen.

Er war einsam, furchtbar einsam, und er wusste es nicht einmal. Eines Tages zog ein Gewitter über dem Weiher auf. Es war das erste Gewitter, das der Frosch erlebte. Der Himmel wurde immer finsterer, es blitzte und der Donner war – noch weit entfernt – zu hören.

Der Frosch hörte den Donner, und er meinte, dass er die Stimme eines anderen Wesens sei.

Das Gewitter kam immer näher und die Stimme des Donners wurde lauter. Er ruft mich!, dachte der einsame Frosch. Er kommt zu mir, er sucht mich und will mit mir reden! Und der Frosch geriet ganz aus dem Häuschen vor Freude.

Dann aber durchfuhr ihn ein erschreckender Gedanke: Was ist, wenn er mich nicht findet? Wie soll er mich sehen können, hier unten im Dickicht?

In diesem Moment erscholl ein ganz lauter, brüllender Donnerschlag, ganz nahe; denn das Gewitter war nun direkt über dem Weiher.

»Hier bin ich!«, rief der Frosch zurück. »Hier unten! Ich höre dich, kannst du mich auch hören?«

Aber der Donner schwieg.

»Warte!«, rief der Frosch. »Nicht fortgehen! Ich komme schon!« Und er sprang auf die dünnen Schilfhalme und kletterte, so schnell er konnte, daran empor. Je höher er kam, desto dünner wurden die Schilfrohre, doch der Frosch raffte ein Büschel von ihnen zusammen und gelangte so bis ans äußerste Ende der Halme. »Hier bin ich!«, rief er in den wolkenverhangenen Himmel.

In diesem Augenblick zuckte ein greller Blitz zu Boden, und gleich darauf krachte so ein gewaltiger Donner, dass dem Frosch die Ohren sangen.

»Ich habe dich gesehen!«, rief der Frosch glücklich. »Du bist schön, ganz hell und groß, aber du musst nicht so brüllen, ich habe dich längst schon gehört! Siehst du mich? Ich bin hier! Nimm mich mit, ich möchte dein Freund sein!«

Plötzlich fuhr ein Sturm durch den Schilfwald, kam ohne Vorwarnung, heftig und gewaltsam, und riss den Frosch mit sich fort. Viele Meter weit wurde er durch die Luft getragen, über den Schilfwald hinaus, und erst über dem Weiher verlor der Sturm etwas an Kraft, sodass der Frosch ins Wasser fiel.

Er schlug hart auf dem Wasser auf, verlor das Bewusstsein und sank auf den Grund.

Oben prasselte jetzt der Regen nieder, Blitz und Donner grellten und grollten weiterhin und erst nach einer Stunde wurde es ruhiger.

Als der Regen ganz aufhörte und der Himmel im Osten sich aufzuhellen begann, kamen die Fische, die Unken und die anderen Frösche, die den Weiher bewohnten, aus ihren Schlammverstecken hervor.

Drei Unken fanden den einsamen Frosch, der noch immer bewusstlos auf dem Grund des Weihers lag.

»Schaut, ein Frosch!«, rief die eine. »Er scheint verletzt zu sein. Wahrscheinlich hat ihn das Unwetter überrascht. Hoffentlich hat ihn nicht der Blitz getroffen!«

»Nein, er lebt noch!«, rief eine andere Unke, die den Frosch kurz untersucht hatte.

»Bringt ihn rasch zu den Algennestern!«, sagte die dritte Unke. »Ich verständige inzwischen die anderen Frösche!«

Der einsame Frosch 151

Die beiden Unken nahmen den Frosch in die Mitte und schwammen mit ihm zu einer nahen Bucht, wo die heilkräftigen Algen in dicken Polstern auf dem Wasser lagen. Sie betteten den Frosch in ein weiches Algennest, deckten ihn gut zu und warteten.

Als der Frosch nach einiger Zeit zu sich kam, sah er, um sein Algenbett versammelt, alle Frösche und Unken des Weihers.

»Na, endlich!« und »Gott sei Dank!«, riefen diese erleichtert.

Der einsame Frosch schaute mit kugelrunden Augen in die Runde. Er konnte es kaum glauben, was er da sah.

»Ihr seht ja aus wie ich!«, rief er schließlich.

»Aber jaaaa!«, riefen die Frösche und Unken und lachten. »Wir sind alle deine Freunde. Aber sag, was ist eigentlich passiert? Woher kommst du? Wir haben dich hier noch nie gesehen.«

Da erzählte ihnen der Frosch seine Geschichte und die Unken und Frösche des Weihers hörten ergriffen zu.

Von diesem Tag an war der Frosch aus dem Schilfwald nie mehr einsam. Er blieb im Weiher und wurde sehr alt.

Janosch
Der Bär und der Vogel

Es war einmal ein Bär, der lebte sieben Meilen weg von den Leuten, am Fuße eines Berges und bewohnte dort eine kleine, freundliche Höhle. Im Sommer ging es ihm gut, verdiente er doch seinen Lebensunterhalt mit Bienenzucht und Honighandel, Beerensammeln und ähnlichen kleineren Arbeiten.

Auch mit den Waldleuten vertrug er sich gut, weil er leutselig war, auch niemals hinterlistig oder nachtragend, wenn ihn jemand im Spaß oder aus Versehen gehänselt hatte. Gemeinheit oder Bosheit war ihm fremd und er war für die anderen Tiere so wie ein lieber Großvater. Sie kamen zu ihm und flüsterten ihre Sorgen in sein Ohr, der Bär sagte nie etwas weiter.

Auch im Winter ging es ihm nicht schlecht. Er hatte ja einen warmen Mantel aus Bärenfell, und er hatte kleine Vorräte in seiner Höhle angelegt, die fast immer ausreichten.

Er hatte Honig, etwas Espenlaub (was zerrieben, mit Pilzen und Schnee angerührt, mit Honig gesüßt, ein wunderbares Bärenmahl ergibt), und er hatte Baumblätter sauber gefaltet unter seinem Kopfkissen gesammelt, auf denen er an langen Winterabenden die Geschichte vom Sommer lesen konnte.

Nur im letzten Winter, da war es besonders kalt. Der Wind hatte dem Bären den Schnee bis direkt vor das Bett geweht. Die Luft war wie kaltes Glas und die Vögel fielen erstarrt in den Schnee. Und als die Heilige Nacht kam, stand der Mond kümmerlich und blass am Himmel.

Dem Bären war es so kalt wie noch nie und er sagte sich: »Es ist so kalt, dass ich es nicht mehr aushalten kann. Ich werde jetzt in die Stadt gehen zu den Menschen. Vielleicht treffe ich einen Bekannten oder finde einen warmen Platz am Ofen oder jemand schenkt mir eine Brotsuppe. Heute ist die große Nacht, da sind die Menschen gut zueinander.«

Da hatte er auch recht.

Er rieb sich die Pfoten, ging vor die Höhle und rief in den Wald: »Geht jemand mit in die Stadt? Es gibt eine warme Brotsuppe und ein schönes Fest. Niemand?«

Bloß das Echo rief zurück: Niemand.

Da ging der Bär allein den Rehweg entlang, der ja geradeaus zu den ersten Häusern führt. Lieber wäre er nicht allein gegangen, denn der Weg ist besser, wenn man ihn zu zweit wandert. Manchmal blieb er deshalb stehen, hielt die Pfoten an die Schnauze und rief: »Niemand, der mitgeht in die Stadt? Es gibt ein großes Fest.«

Aber es kam keine Antwort.

Der Bär und der Vogel

Und als es immer kälter wurde und der Bär nach vorn fiel, in den Himmel sah und dann die Augen schloss, kam ein kleiner Vogel geflogen, setzte sich auf sein Ohr, pickte ihn und sagte:
»Kalt ist es, Bär! Könntest du mich ein Stück tragen? Ich kann nicht mehr fliegen wegen der Kälte und ich würde dir ein bisschen vorsingen.«

Da stand der Bär auf, nahm den federleichten Vogel auf seine Schulter und sie gingen zusammen in die Stadt.

Während sie gingen, versuchte der Vogel ein Lied, so gut es bei der Kälte möglich war. Der Bär lauschte, der Sommer fiel ihm wieder ein, und er ging ganz vorsichtig, um die Melodie nicht zu verwackeln.

Es war schon mitten in der Nacht, als sie in die Stadt kamen. Hinter den Fenstern waren die Kerzen ausgebrannt und die Leute waren unterwegs in die Kirche.

Der Bär ging hinter ihnen her und lauschte dem Lied, das der Vogel ihm ganz leise ins Ohr sang. In seinen Augen ging ein kleines Licht auf. Der Vogel sah es, wärmte sich daran und bald schnitt ihnen auch die Kälte nicht mehr so in die Beine.

Als sie an der Kirche ankamen, ließ der Küster sie nicht hinein:
»Bären und Vögel haben hier bitte keinen Zutritt. Das ist die Vorschrift. Auch kann ich keine Ausnahme machen, denn die Kirche ist überfüllt. Kinder und alte Frauen könnten sich ängstigen. Morgen oder übermorgen geht es vielleicht, denn meistens bin ich nicht so streng.«

Das Letzte sagte er, weil heute Weihnachten war.

Aber dem Bären und dem Vogel war das egal. Sie froren nicht mehr und setzten sich neben die Tür. Der Himmel war ihnen wie ein großes Dach und die Welt hatte keinen Anfang und kein Ende.

Kinder kamen vorbei und sagten zu ihren Müttern und Vätern: »Was ist dort mit dem Bären? Ist er ein verwunschener Prinz oder etwa der Bärenkönig persönlich?«

»Kein Prinz und kein König«, sagten die Eltern, »wir haben jetzt keine Zeit und morgen werden wir ihm etwas zu fressen bringen. Schluss jetzt!«

Als der Vogel immer leiser sang und der Bär sah, dass er die Augen zuhatte, verbarg er ihn vorsichtig und warm in seinen Pfoten und rührte sich nicht, um ihn nicht zu wecken. Auch dem Bären fielen bald die Augen zu und er träumte das Lied zu Ende.

Inzwischen kamen die Leute aus der Kirche, gingen vorbei und nach Haus, denn das Fest hatte sie müde gemacht. Die Kirchentür wurde verschlossen und der Küster hatte Feierabend.

Als die Nacht aber am höchsten war, kam ein Engel vorbei und trug die beiden zurück in einen Wald, in dem es niemals wieder so kalt wurde.

Mirjam Pressler
Katharina und so weiter

Katharina ist wirklich gleich nach Hause gegangen. »Warum bleibst du nicht noch ein bisschen da?«, hat die Tauben-Oma gefragt. »Was willst du denn den ganzen Nachmittag allein in der Wohnung?«

Aber Katharina ist nicht geblieben. »Ich muss nachdenken«, hat sie gesagt. »Dazu brauche ich Ruhe.«

Die Tauben-Oma hat den Kopf geschüttelt.

Katharina hat nachgedacht. Über einen Hund. Ein Hund ist wie ein Freund. Und einen Freund braucht sie. Der Benjamin hat sogar beides, einen Hund und Beate.

Früher in der alten Wohnung waren Haustiere verboten. Aber hier in der Kepplerstraße würde es gehen. Die Müllers aus dem dritten Stock haben einen Hund und die Gollers im Erdgeschoss auch. Also sind Haustiere erlaubt. Das hat die Tauben-Oma auch gesagt. Die wohnt im Haus nebenan und hat denselben Herrn Keller als Hausbesitzer. Der wohnt wieder ganz woanders und kommt nur selten hierher. Wenn der Herr Keller nichts gegen Gollers Hund und Müllers Hund hat, würde er auch nichts gegen einen Hund von Katharina haben. Daran liegt's also nicht.
Und überhaupt hat Katharina schon zu Weihnachten einen Hund

Katharina und so weiter

haben wollen. Es ist aber dann ein Fahrrad geworden. Kein Mensch kann etwas gegen ein Fahrrad haben, vor allem nicht, wenn es neu und glänzend und dunkelrot ist. Natürlich hat auch Katharina nichts gegen das Fahrrad gehabt. Ein Fahrrad ist ein richtig schönes, großes Weihnachtsgeschenk.

Aber ein Hund wäre ihr lieber gewesen. Mit einem Hund kann man spielen. Ein Hund ist ein Freund, besonders, wenn man sonst keinen hat. Katharina hat beschlossen, sich noch einmal einen Hund zu wünschen. Zum Geburtstag.

»Einen großen«, sagt sie, als ihre Mutter abends nach Hause kommt. »So groß wie ich soll er sein und richtig braun mit einem weißen Bauch. Das wäre mir am liebsten.«

Die Mutter seufzt und zieht ihren Mantel aus. »Lass mich doch erst mal fünf Minuten in Ruhe«, sagt sie. Sie hängt ihren Mantel an den Haken im Flur und geht in die Küche. Katharina läuft ihr nach. Auf dem Tisch steht eine halb leere Tasse, daneben die Milchtüte und die Kakaodose. Katharina hat sich nämlich Kakao gemacht, weil man mit Kakao besser denken kann. Leider hat sie zu fest gerührt.

»Das hättest du auch wegwischen können«, sagt ihre Mutter. »Du altes Ferkel.«

»Ja, ja«, sagt Katharina. »Hast du's gehört? Ich wünsche mir einen Hund. So groß wie ich und braun mit hellem Bauch.«

Die Mutter seufzt wieder und wischt mit einem Lappen den Tisch ab. »Das geht nicht, Kathi«, sagt sie. »Unsere Wohnung ist zu klein und ich komme

erst um sieben nach Hause. Wer soll sich da um den Hund kümmern?«

»Na ich«, sagt Katharina. »Und unsere Wohnung ist gar nicht zu klein. Ein Hund braucht doch kein eigenes Zimmer. Er ist immer bei mir. Mittags essen wir zusammen bei der Tauben-Oma, und wenn ich meine Aufgaben gemacht habe, gehen wir an die frische Luft. Dann habe ich auch einen Freund.«

Die Mutter räumt den Kakao weg.

Katharina fühlt sich ganz weich im Bauch. »Er geht immer und immer und immer mit mir«, wiederholt sie.

»Ja«, sagt ihre Mutter. »Und weil ihr gleich groß seid und die gleiche Haarfarbe habt, halten euch die Leute für Zwillinge.«

Jetzt fühlt sich Katharina nicht mehr ganz weich im Bauch. Sie probiert es auf eine andere Art. »Weil der Hund so groß ist, brauche ich überhaupt keine Angst mehr zu haben«, sagt sie. »Keiner kann mich verhauen.«

Die Mutter knallt die Schranktür zu und schaut Katharina an. »Wieso?«, fragt sie. »Wer haut dich denn?«

Katharina bohrt in der Nase. »Eigentlich niemand. Aber es könnte mich ja jemand hauen. Wenn ich einen Hund habe, traut sich keiner.«

»Was dir alles einfällt«, sagt die Mutter. »Bringst du mir die Plastiktasche aus dem Flur? Da ist der Reis drin.«

Katharina schleppt die Tüte in die Küche.

»Milchreis mit Apfelmus gibt's«, sagt ihre Mutter und stellt den Topf auf die Herdplatte. Sie gießt den Rest Milch hinein, bevor sie eine neue Packung aufschneidet. »Gib mir den Reis, Kathi.«

Katharina und so weiter

Katharina zerrt ein Paket Reis aus der Tüte. Dann holt sie ihren Zeichenblock aus ihrem Zimmer. »Schau mal, ich hab den Hund schon gemalt, damit du auch weißt, wie er aussehen soll. Damit du nicht aus Versehen einen anderen kaufst.«

Der Hund auf dem Bild ist groß und braun mit einem weißen Bauch. Wie Hasso sieht er aus. Katharina hat sich gleich daneben gemalt. Sie hält ihrer Mutter den Block hin.

»Hier, schau! Seine Ohren kann man nicht sehen, weil er so lange Haare hat. Deshalb ist er auch immer ganz warm und kuschelig. Wenn ich kalte Füße habe, darf er an meinem Fußende schlafen und wir brauchen nie wieder eine Wärmflasche.«

Die Mutter ist überhaupt nicht beeindruckt von dem großartigen Bild. Sie schüttelt den Kopf und fängt an, den Tisch zu decken. »Nein, Kathi. Außerdem ist so ein Hund teuer. Du weißt doch, dass wir nicht so viel Geld haben. Und dann noch einen Hund! Nein, kommt nicht infrage«.

Katharina setzt sich auf den Hocker am Fenster und betrachtet ihr Bild. »Wie viel kostet eine Wärmflasche?«, fragt sie.

Ihre Mutter zuckt mit den Schultern. »Was weiß denn ich. Fünf Mark vielleicht. Oder zehn.«

Katharina reißt das Bild aus dem Zeichenblock. »Siehst du«, sagt sie. »Fünf Mark hätten wir dann schon gespart. Oder zehn.«

Sie steht auf, holt Tesafilm aus der Wühlschublade und pappt das Bild an ihre Zimmertür.

Die Geschichte meines Opas

Die Geschichte meines Opas

Paul Maar

Wer ist der Größte?

Hoch im kalten Norden Kanadas leben die Inuit. Früher nannte man sie Eskimos. Damals wohnten sie noch in kunstvoll gebauten Schneehäusern, den Iglus. Heutzutage wohnen die meisten in Holzhaus-Siedlungen, fahren auf schnellen Motorschlitten durch den Schnee und kaufen ihr Essen im kleinen Supermarkt neben der Holzkirche. Die Kinder gehen natürlich zur Schule und haben Freunde wie überall in der Welt.

Einmal stritten sich zwei Freunde auf dem Heimweg von der Schule, wer der Größere sei. Der eine hieß Enuki, der andere Jonah. Sie stellten sich nebeneinander, schielten nach oben, und versuchten herauszufinden, ob einer den anderen vielleicht um ein paar Zentimeter überragte.

Jonah behauptete: »Ich bin mindestens einen Fingerbreit größer.«

Aber Enuki sagte: »Ja, weil du dich auf die Zehenspitzen stellst.«

Wenn man nur zu zweit ist, kann man das schlecht beurteilen. Deshalb beschlossen die beiden Freunde, die alte Leah zu fragen. Leah war die Großmutter von Enuki. Bei den Inuit hört man noch sehr auf die Alten und bittet sie bei allen wichtigen Entscheidungen um ihren Rat.

Großmutter Leah war gerade dabei, eine Dose Sardinen zu öff-

Wer ist der Größte?

nen, als die beiden Jungen zu ihr kamen und von ihrem Streit erzählten.

Sie stellte die Sardinendose zur Seite und sagte: »Ist es wirklich so wichtig, zu wissen, wer der Größere ist? Setzt euch zu mir. Ich will euch dazu eine Geschichte erzählen, eine alte Geschichte, die schon mein Großvater von seinem Vater gehört hat. Die Geschichte vom Mond, der immer der Größte sein wollte.«

»Ja, gut. Erzähl sie«, sagte Jonah und Enuki sagte: »Warum nicht.«

Die alte Leah erzählte:

Einmal, als der Mond seinen üblichen Weg von einem Rand des Nachthimmels zum anderen nahm und dabei auf die silbern glänzende Erde unter sich blickte, konnte er es sich nicht verkneifen, stolz und laut hinunterzurufen: »Ich bin der Größte! Seht doch: Ich bin der Größte!«

Da hörte er von unten ein Stimmchen: »Stimmt nicht, ich bin größer.«

Der Mond war so ärgerlich, dass er aufhörte, seine Bahn über den nächtlichen Himmel zu ziehen, und einen Augenblick stillstand, während er hinunterrief: »Wer da unten ist angeblich größer als ich?«

»Ich«, antwortete das Stimmchen.

»Wer ist ›ich‹?«

»Ich, die Wasserpfütze.«

»Und wie kommt eine Pfütze auf die Idee, sie sei größer als ich?«, fragte der Mond.

»Schau doch: Du bist hier in mir und um dich herum ist noch

ein Stück von meinem Wasser zu sehn«, sagte die Pfütze. »Also muss ich größer sein als du.«

Der Mond blickte hinunter, sah sein Bild in der Pfütze und drum herum war tatsächlich noch ein schmaler Rand ihres Wassers zu sehen. »Hm«, brummte er. »Ist ja auch gar nicht so wichtig, ob jemand größer oder kleiner ist. Dann will ich mich mal wieder auf den Weg machen.«

Als kurz darauf ein durstiger Hase in die Nähe der Wasserpfütze kam, hörte er sie schon von Weitem rufen: »Ich bin die Größte. Ich bin wirklich und wahrhaftig die Größte.«

»Könntest du mir bitte erzählen, weshalb du die Größte bist«, bat der Hase mit leiser Stimme. »Natürlich nur, wenn es dir nichts ausmacht.« Er war ein äußerst höfliches Tier.

»Nun, das ist einfach erklärt«, sagte die Pfütze. »Siehst du den Mond in mir?«

»Ja, den kann ich sehr gut erkennen. Er ist rund und gelb«, flüsterte der Hase.

»Na, also!«, sagte die Pfütze stolz.

»Wenn du gestattest, möchte ich dich höflich bitten, mir trotzdem etwas genauer zu erklären, weshalb du deswegen die Größte bist«, fragte der Hase flüsternd.

»Gerne. Aber sag mir erst, warum du immer so leise sprichst«, sagte die Pfütze.

»Wir Hasen pflegen zu flüstern, weil uns sonst der Fuchs hören könnte«, erklärte der Hase ihr.

»Ich verstehe«, sagte die Pfütze. »Nun pass auf: Ist es nicht so, dass alle Welt denkt, der Mond sei der Größte? Wenn nun der

Wer ist der Größte?

Mond in mich hineinpasst und um ihn herum noch ein ganzes Stück von mir zu sehen ist, muss ich doch größer sein als er«, sagte die Pfütze. »Ist das nicht logisch?«

»Ja, das klingt zweifellos logisch«, flüsterte der Hase. »Aber nun muss ich dir, der Allergrößten, wohl endlich erzählen, warum ich zu dir gekommen bin.«

»Du darfst es erzählen«, erlaubte die Pfütze.

»Ich bin nämlich sehr, sehr durstig«, fing der Hase an.

»Und?«, fragte die Pfütze.

»Und deswegen«, fuhr der Hase fort. »Deswegen muss ich dich höflichst darauf vorbereiten, dass ich dich nun austrinken werde.«

Damit streckte er seine Schnauze in die Pfütze, trank und trank, bis das ganze Wasser in seinem Bauch verschwunden war. Dann leckte er sich mit seiner kleinen, spitzen Zunge die letzten Wassertropfen von den Barthaaren, drehte sich um und wollte eigentlich zu seinem Bau zurückschleichen.

Aber plötzlich hielt er inne und dachte nach.

»Was hat diese Pfütze gesagt?«, überlegte er. »Sie ist die Größte, weil der Mond in ihr ist und außen herum noch ein Stück von ihr. Aber wenn diese Pfütze in meinen Bauch passt, muss ich doch größer sein als sie. Und wenn ich größer bin als die Größte, bin ich ja der Größte. Es ist nicht zu glauben, aber ich, der Hase, bin der Größte.«

Voller Begeisterung richtete er sich auf, trommelte mit den Vorderpfoten gegen seine Brust und schrie dabei: »Ich bin der Größte! Ich bin der Allerallergrößte!«

Ein hungriger Fuchs hörte das Geschrei des Hasen, kam gleich angerannt, schnappte ihn sich und fraß ihn auf.

Der Mond oben am Himmel hatte alles beobachtet. Er dachte eine Weile nach, dann sagte er zu sich: »Erst hatte diese Pfütze den Mond in sich, also mich, und noch ein Stück von sich außen herum. Dann hatte der Hase die Pfütze in sich, und nun hat der Fuchs den Hasen in seinem Bauch. Und wo bin ich jetzt? Ich bin immer noch hier. Irgendetwas stimmt da nicht. Diese Pfütze hat gelogen. Genau das ist es: Die Pfütze hat gelogen. Ich bin doch der Größte!«

Schon wieder fing er an, sein »Ich bin der Größte. Seht her: Ich bin der Größte« zu rufen, da hielt er inne, denn in diesem Augenblick tauchte die Sonne über dem Horizont auf.

»Nanu, du bist noch da?«, fragte sie erstaunt. »Guten Morgen, lieber Mond.«

»Guten Morgen, Sonne«, antwortete er. »Ja, ich habe mich wohl ein bisschen vertrödelt.«

Die Sonne fragte: »Was hast du eigentlich gerufen, bevor ich kam?«

»Ach, nichts von Bedeutung. Ganz und gar unwichtig«, sagte der Mond schnell. »Ich wollte sowieso gerade gehen. Gute Nacht.«

Damit verschwand er hinter dem Horizont.

Die Sonne aber stieg höher und höher und wärmte mit ihren Strahlen alles unter sich: die Erde, die Pflanzen, die Tiere und die Menschen.

Sie musste niemandem sagen, dass sie die Größte sei.

Denn alle wussten es.

Wer ist der Größte? 173

Als Großmutter Leah ihre Geschichte beendet hatte, blickte sie Enuki und Jonah an und sagte: »Jetzt aber muss ich wohl euren Streit schlichten. Wer von euch meint also, dass er der Größere ist?«
»Jonah hat gesagt, dass er größer ist«, antwortete Enuki.
»Ja, und Enuki behauptet, dass er es ist«, sagte Jonah.
»Dann stellt euch mal Rücken an Rücken«, sagte Großmutter Leah. Sie trat einen Schritt zurück und betrachtete die beiden Freunde. »Ich dachte es schon. Ihr seid genau gleich groß. So, und nun könnt ihr gehen und mich in Ruhe meine Fische essen lassen.«
»Es ist mir eigentlich egal, wer der Größere ist«, sagte Enuki im Hinausgehen.
»Mir auch«, sagte Jonah. »Völlig egal. Aber eines steht fest wie ein Eisblock im Januar: Der Stärkere von uns beiden bin ich!«

Josef Guggenmos

Au!

Zwei sind zusammen durch die Welt gewandert. Da gab es eine Menge zu sehen, und wenn sie etwas besonders Schönes entdeckten, riefen sie alle beide: »Oh!« Als sie nun auf ihrer Wanderung durch die Berge plötzlich vor einem großartigen Wasserfall standen, riefen sie wieder gleichzeitig: »Oh!«

Da sagte der eine von den beiden, der Kurze, Dicke: »Wenn ich oh sage, brauchst du nicht auch noch oh zu sagen. Es genügt vollkommen, wenn ich das sage.«

»Und ich?«, sagte der Lange, Schmale. »Ich brauche auch etwas zu tun.«

»Du kannst das Au übernehmen«, sagte der Kurze, Dicke. »Wenn einer von uns beiden sich wehtut, dann sagst du au. Das ist von nun an dein Amt.«

»Gut«, sagte der Lange, Schmale. »Einverstanden!«

So. Nun war das geklärt und jeder hatte seine Aufgabe. Wenn sie eine fantastische Burgruine, einen herrlichen blauen See oder ein tolles Abendrot sahen, rief der Kurze, Dicke: »Oh!« Und wenn einer von den beiden irgendwo anstieß oder sich sonst wie wehtat, sagte der Lange, Schmale: »Au!«

Das ging so, bis sie hinter Kuckuckskirchen zu einer Kreuzung kamen. Der Kurze, Dicke wollte nach rechts, der Lange, Schmale wollte nach links. Da sie sich nicht einigen konnten, trennten sie sich, und jeder ging den Weg, den er gehen wollte.

Es war ein warmer Sommertag. Der Kurze, Dicke hatte die Schuhe ausgezogen und lief neben der Straße im Gras. Da passierte es, dass er auf eine Biene trat. Er setzte sich nieder, zog den Stachel aus der Fußsohle und ging weiter. Aber im Weitergehen war ihm immer, als habe er etwas vergessen. Er überlegte lange, doch er kam nicht drauf, was es war. Erst am Abend, als er in Brommelbach in einer Herberge saß und eine Bratwurst mit Kartoffelsalat verspeiste, fiel es ihm plötzlich ein: Er hatte ganz vergessen, au zu sagen, als ihn die Biene stach. Das hatte bisher der andere für ihn besorgt, aber nun musste er es wieder selber machen. Doch er konnte es ja nachholen. Also sagte er laut: »Au!« So, nun war das auch erledigt.

Die Männer, die am Nachbartisch saßen, sahen her und fragten: »Was ist los? Hast du dir wehgetan?«

»Ja«, sagte der Mann. »Heute Nachmittag hat mich eine Biene in den Fuß gestochen.«

»In den linken Fuß oder in den rechten?«, fragten die Leute. Der Kurze, Dicke überlegte, aber er kam nicht mehr drauf.

Philip Waechter
Rosi in der Geisterbahn

Rosi schaute in einen tiefen, roten Schlund.
 Die spitzen Zähne funkelten.
 Rosi wusste, dass ihr letztes Sekündchen geschlagen hatte.

Genau in diesem Moment wachte Rosi auf. Sie zitterte am ganzen Leib und ihr Hasenfell war klatschnass.

So geht das schon seit Wochen, dachte Rosi. Jede Nacht diese schrecklichen Träume.

Rosi wusste: So kann es nicht weitergehen!

Sie hatte die Nase gestrichen voll und fasste einen Beschluss: Hilfe musste her.

Also machte sich Rosi auf den Weg zu einem Traumspezialisten. Der würde ihr sicher helfen.

»Hmm, ein klarer Fall von Monsterangst, nicht ungewöhnlich, aber sehr unangenehm!«, sagte der Experte.

»Ich verschreibe Ihnen ein wunderbares Buch. Lesen Sie es gründlich, machen Sie täglich Ihre Übungen und schon bald wird es Ihnen besser gehen.«

Unverzüglich lief Rosi zu Frau Gunkelmann in die Buchhandlung und besorgte sich das empfohlene Werk.

Rosi fand das Buch äußerst spannend. Tag und Nacht las sie darin und erfuhr alles über den Umgang mit Monstern.

Sie lernte, wie man beruhigend auf sie einwirkt, wie man ein Monster mit einem einfachen Schulterwurf außer Gefecht setzt und wie man im Notfall blitzschnell die Flucht ergreift.

Bald wusste Rosi alles, was wichtig war.

Dann endlich war Rosis großer Tag gekommen. Sie hatte einen Plan und wollte ihn in die Tat umsetzen.

»Bitte bringen Sie mich auf schnellstem Weg zum Goetheplatz«, sagte Rosi zu dem Taxifahrer. »Ich habe etwas sehr Wichtiges zu erledigen und keine Zeit zu verlieren.«

Rosi in der Geisterbahn

Philip Waechter

Kurz darauf wartete Rosi in einer langen Schlange. In Gedanken ging sie ihr Vorhaben noch einmal Schritt für Schritt durch. Eigentlich konnte nichts schiefgehen. Trotzdem klopfte ihr Herz bis zum Hals.

Schließlich war Rosi an der Reihe. Am Kassenhäuschen kaufte sie sich eine Fahrkarte. Sie setzte sich in den allerschönsten Wagen, gab dem Mann mit der karierten Mütze ihre Fahrkarte und fuhr los.

Rosi in der Geisterbahn

Schnell hatte sich Rosi an die Dunkelheit gewöhnt. Es war genauso gruselig, wie sie es sich vorgestellt hatte. Unzählige Augen starrten sie an, spitze Zähne blitzten, scharfe Klauen

kratzten und riesige Mäuler fauchten. Doch nun gab es kein Zurück mehr. Rosi atmete noch einmal ganz tief durch. Dann war es so weit.

Rosi sprang aus ihrem Wagen.

Mit ein paar geschickten Handgriffen setzte sie die ersten Monster außer Gefecht.

Doch für das größte und schrecklichste hatte sich Rosi etwas besonders Gemeines ausgedacht.

Schreiend ergriffen die Viecher die Flucht. Langsam begann Rosi die Sache richtig Spaß zu machen.

Leider wurde sie gestört.

»Kann mir mal bitte jemand sagen, was hier los ist?«, brüllte der Mann mit der karierten Mütze. »Schluss! Aus! Alle zurück auf ihre Plätze. Und du, Hase, kommst mit mir!«

»Ich will dich hier nicht mehr sehen!«, schimpfte der Mann. »Typisch Hase, nichts als Unsinn im Kopf!«

Rosi in der Geisterbahn

Rosi aber machte sich zufrieden auf den Weg nach Hause.
Unterwegs belohnte sie sich mit drei Kugeln Eis und stärkte sich bei einer Tasse Jasmintee.

Nach dem Abendbrot wollte Rosi noch ein paar Zeilen lesen, aber daraus wurde leider nichts ...

Bart Moeyaert

Afrika hinter dem Zaun

Aus dem Niederländischen von Mirjam Pressler

Wir wohnten in einem Haus. Die Tür war links und rechts war ein Fenster. Die Nachbarn hatten das gleiche Haus wie wir. Und ihre Nachbarn auch und ihre Nachbarn auch und ihre Nachbarn auch. Und das noch drei Mal.

Neben uns wohnte ein Mann, der Französisch sprach. Das hatte er so gelernt, als er klein war und in Frankreich lebte.

Wir sprachen kein Französisch, aber das war nicht schlimm. Der Mann war nie lange daheim. Er war dauernd auf Geschäftsreisen. Zum Reden hatte er nie Zeit. Er war immer irgendwohin unterwegs. In Länder, wo die Leute verstanden, was er sagte.

Der Mann, der Französisch sprach, hatte eine Frau, die auch etwas sprach. Was sie sprach, wussten wir nicht. Irgendwas. Die Frau war schön braun und hieß Désirée.

Das ist ein französischer Name, sagte meine Mutter. Aber Désirée kam nicht aus Frankreich. Sie kam aus Afrika. Der Mann, der Französisch sprach, hatte sich bestimmt einen französischen Namen für sie ausgedacht. Vielleicht, weil sie in ihrer eigenen Sprache keinen Namen hatte.

Hinter unserem Haus befand sich ein Garten. Erst kam eine Terrasse, drei große Platten breit. In der Mitte war ein Treppchen. Das musste man hinuntergehen, wenn man über den Rasen zu dem kleinen Schuppen wollte. Hinter dem Schuppen war ein Gemüsegarten, sechs Blumenkohlpflanzen breit.

Unsere Nachbarn hatten den gleichen Garten wie wir. Und ihre Nachbarn auch, und das noch fünf Mal. Aber sie pflanzten nicht alle Blumenkohl.

Die Frau, die irgendwas sprach, pflanzte Gras. Überall stand Gras, langes Gras mit Rispen, und hohe Halme mit weißen Blüten. Der Mann, der Französisch sprach, mähte es nie mit dem Rasenmäher. Dafür hatte er keine Zeit. Und Désirée tat es auch nicht. Ich glaube, sie pflanzte das Gras, um es zu betrachten. Wenn die Sonne schien, stellte sie Stühle hinaus. Sie setzte sich mit ihren vier Kindern mitten ins Gras. Manchmal saß sie auch dort, wenn es ein bisschen regnete. Dann betrachtete sie das Gras und den Himmel. Als warte sie auf sehr viel Regen.

Und dann bekamen wir sehr viel Regen. Es goss wie aus Kübeln. Der ganze Garten war tropfnass. Und der Garten der Nachbarn auch, und das noch sechs Mal. Wir waren froh, dass wir im Haus waren.

Aber die Frau, die irgendwas sprach, kümmerte sich nicht um den Regen. Sie ging in einem gelben Regenmantel hinaus und lief zum Schuppen. In der einen Hand trug sie eine Eisenstange, in der anderen einen Hammer. Sie schob die Stange zwischen die Bretter und schlug mit dem Hammer darauf. Sie sang bei der Arbeit. Das hörte sich im Regen seltsam an.

Ich schaute ihr vom Fenster aus zu.

Meine Mutter sagte, dass Désirée auf Französisch singe. Mein Vater widersprach. Er sagte, das sei kein Französisch, sondern irgendwas. Irgendwas aus ihrem eigenen Land.

Nach dem Essen hörte es auf zu regnen. Ich ging hinaus und schaute über den Zaun. Da konnte ich Désirée besser sehen. Von ihrem Schuppen stand nur noch das Dach. Ein Dach auf vier Pfählen. Désirée lachte mir zu. Sie sah sehr zufrieden aus. Sie lachte auch dem Gras und dem Himmel zu.

Am nächsten Tag regnete es nicht mehr. Unser Garten war wieder trocken und die Gärten der Nachbarn auch. Alle kamen nach draußen. Alle waren wütend.

Sie deuteten zum Garten von Désirée und sagten, dass das nicht sein dürfe. Einfach aus einer Reihe von acht Schuppen einen wegnehmen, dafür müsse man bestraft werden. Ich glaube, alle waren neidisch. Désirées Garten war schön groß geworden. Désirée war klüger als die anderen. In ihrem Garten konnte sie jetzt sehr viel

mehr Blumenkohl unterbringen, wenn sie das wollte. Sie kam in einem Baumwollkleid heraus, das mit Sonnenblumen bedruckt war. Hinter sich her schleifte sie eine Schaufel. Mit ihren Stiefeln trat sie die langen Grashalme platt.

Ich lachte ihr über den Zaun hinweg zu. Sie lachte zurück und begann zu graben. Stundenlang grub sie. Doch es wurde ein seltsamer Gemüsegarten, der eher wie eine Grube aussah. Ich hatte nicht gewusst, dass die Leute in Afrika das so machen.

Als es Abend wurde, schleppte Désirée Säcke aus ihrem Haus. Auf jeden Sack war ein Gärtner gemalt und in den Säcken war Lehm. Lehm ist gut für Blumenkohl, sagte meine Mutter. Aber die Nachbarn blieben wütend. Alle. Sie hielten es für eine Schande. Schließlich gab es doch genug Erde in den Gärten, oder? Wozu brauchte man da noch Lehm?

Meine Mutter schwieg und mein Vater auch. Wir schauten über den Zaun. Mein Vater sagte ein Wort zu Désirée. Er sagte: Helfen? Und krempelte die Ärmel hoch. Désirée verstand das Wort. Sie schüttelte heftig den Kopf und arbeitete einfach weiter. Sie schüttete den Lehm aus den Säcken in ihre Grube.

Sie will keine Hilfe, sagte mein Vater später. Sie will keine Hilfe von einem Mann. In ihrem Land erledigen die Frauen die ganze Arbeit. Das gehört sich so in ihrem Teil von Afrika. Welchem Teil, fragte ich. In dem Teil in der Mitte links, sagte mein Vater. Der Teil, der Kamerun heißt. Ich dachte, mein Vater hätte sich ein Land ausgedacht. Es klang nicht echt, mit dieser Kammer im Namen.

Als es noch später wurde, verschwand die Sonne hinter den

Gärten. Der Himmel wurde orange. In unserem Haus war es still.

Wir saßen unter der Lampe und lasen. Ich tat aber nur so. Meine Augen waren geschlossen. Ich saß in dieser Kammer, aber ich war in Kamerun. In meinem Kopf brüllte ein Löwe. Ein Affe schrie. Das Brüllen und Schreien kannte ich aus dem Zoo.

Ich wusste nicht, was ich sonst noch hören sollte.

Ich wusste nicht, was ich sonst noch sehen sollte.

Ich kannte Désirées Land nicht.

Plötzlich klappte meine Mutter ihr Buch zu. Sie legte sich eine Hand ans Ohr und sagte: Still. Wir waren still und hörten von draußen Stimmen. Fröhliche Stimmen von Kindern.

Wir rannten zum Fenster und sahen Désirée in ihrem Garten. Sie goss eimerweise Wasser in ihre Lehmgrube. Ihre vier Kinder hatten keine Schuhe an. Mit nackten Füßen stapften sie durch den Matsch. Sie tanzten umeinander herum. Désirée hob ihr Baumwollkleid an und tanzte mit ihnen.

Am nächsten Tag war der Himmel voller Wolken. Meine Mutter ging zum Markt. Das tat sie freitags immer. All unsere Nachbarn taten das, alle außer Désirée. Die ging zu einem Markt, den wir nicht kannten. Und nur dann, wenn es ihr passte.

Ich begleitete meine Mutter. Sie hatte es eilig. Sie wollte vor dem Regen wieder zu Hause sein. Aber wir schafften es nicht. Wir waren durch und durch nass, als wir in unsere Straße einbogen. Ohne anzuhalten, rannten wir in die Küche. Meine Mutter stellte sofort Teewasser auf. Sie wollte den Tee sehr heiß trinken.

Dann dachten wir, dass wir den Kessel pfeifen hörten. Aber es war nicht der Kessel.

Es war Désirée. Draußen, im Regen. Sie kniete auf dem nassen Boden. Um ihre Grube herum hatte sie eine runde Mauer gebaut. Und sie hatte nicht vor, damit aufzuhören. Sie sang und pfiff. Das wird kein Gemüsegarten, sagte meine Mutter. Bring ihr doch mal eine Tasse Tee. Sonst erkältet sie sich noch. Ich brachte ihr eine Tasse. Ich kletterte hops auf den Zaun. Désirée sah froh aus. Sie deutete auf ihre Arbeit und sagte: Haus. Sie sprach das Wort genauso aus, wie ich es ausgesprochen hätte.

Désirée baute ein Haus in ihrem Garten. Es sah aus wie eine Hütte zum Spielen. Eine Hütte aus Lehm. Sie arbeitete tagelang daran. Egal, ob es regnete oder nicht.

Und ich schaute ihr tagelang zu. Egal, ob es regnete oder nicht. Nach einer Woche lag eine Hartfaserplatte als Dach darauf.

Da sagte Désirée, ich solle über den Zaun klettern. Sie sagte es so, wie ich es gesagt hätte.

Ich lief hinter ihr her in ihre Hütte.

Désirée hatte Tee für mich gekocht. Sie sagte: Willkommen. Der Regen trommelte auf das Dach. Das klang gemütlich. Aus Versehen stach ich mit dem Finger in die Wand. Ich erschrak über das Loch, das ich gemacht hatte. Ihr Haus ist noch nicht trocken, sagte ich. Nein, sagte Désirée. Aber warte einen Sommer, dann bekommt es keine Planierraupe mehr kaputt. Meine Großmutter in Kamerun hat genau so eine Lehmhütte wie diese. Sie wohnt schon ihr ganzes Leben darin. Werden Sie nun hier wohnen, fragte ich.

Désirée lachte. Nicht wirklich wohnen, sagte sie. Aber ich will ab und zu hier sitzen. Wenn ich das andere Haus satthabe. Wenn ich mein Land vermisse. Denn manchmal habe ich Heimweh nach meinem Land. Ich werde dir mal Fotos zeigen.

Gut, sagte ich und trank von ihrem Tee. Fotos zeigen. Das bedeutete, dass sie mich wiedersehen wollte. Da sagte ich, dass ich sehr gut Löwen nachmachen konnte.

Beate Dölling
Mücken bleiben Mücken

Paula und Tom sitzen im Kirschbaum. Jeder auf seinem Lieblingsast. Sie essen Kirschen.

»Schade, dass du nicht mein Bruder bist«, sagt Paula.

»Ja«, sagt Tom. »Schade. Ich möchte gern dein großer Bruder sein.«

»Großer Bruder geht nicht«, sagt Paula. »Du bist nur zwei Wochen älter.«

»Das reicht aber.«

»Nein, reicht nicht. Ein großer Bruder muss mindestens zwei Jahre älter sein.«

Die Sonne scheint, aber bald wird sie untergehen. Dann kommen die Mücken. Einmal hat Paula beobachtet, wie eine Mücke bei ihrer Oma auf der Wange saß und Blut gesaugt hat. Die Mücke war ganz dünn und grau, als sie angeflogen kam, und Paula wollte Oma gerade sagen, dass auf ihrer Wange eine Mücke sei, aber da hatte die Mücke ihren Rüssel schon durch Omas Haut gebohrt und Blut gesaugt, wie durch einen Strohhalm. Ihr Leib ist dabei langsam rot geworden. Das sah so schön aus, dass Paula Oma nichts sagte und nur die Mücke beobachtete, bis sie mit dem Bauch voller Blut weggeflogen ist.

»Was ist, wenn der Rüssel einer Mücke abbricht«, fragt Paula. »Wird die Mücke dann zu einer ganz normalen Fliege?« Tom antwortet nicht. »Tom? Ich habe dich was gefragt.« Tom antwortet nicht. Das ist für Paula auch so ein typisches Zeichen, dass Tom nicht ihr älterer Bruder sein kann. Ältere Brüder wissen auf alle Fragen Antworten.

Sie gehen ins Haus, bevor die Mücken stechen. Paula hat nämlich schon sieben Mückenstiche.

»Bleibst du zum Abendbrot?«, fragt Mama Tom.

»Was gibt es denn?«

»Hotdog.«

Tom bleibt. Und bleibt auch später noch. Sie gehen in Paulas Zimmer. Tom setzt sich auf den Fußboden, Paula aufs Sofa. »Wenn du mein Bruder sein willst, müssen wir zusammen wohnen.« Tom nickt. »Am besten, du kommst zu mir. Mein Zimmer ist größer als deins.«

»Geschwister haben aber jeder ein Zimmer für sich«, sagt Tom.

»Dann bauen wir eben das Gästezimmer um.«

»Gut«, sagt Tom.

»Geh doch schon mal los und hol deine Sachen.«

»Nein, das merkt meine Mama.«

»Dann sag ihr, sie soll dir Milchreis kochen. Da muss man am Herd stehen bleiben und lange rühren. Dann machst du die Küchentür zu und packst deine Sachen.«

»Ich mag aber keinen Milchreis.«

»Dann sag ihr, sie soll dir Hotdog machen.«

»Und wer isst dann die Hotdogs, wenn ich weg bin?«

Mücken bleiben Mücken

»Deine Mama.«

»Meine Mama mag aber keine Hotdogs.«

»Ist doch egal!« Paula wird langsam wütend. »Dann kommst du eben heute Nacht.«

»Nachts kann ich nicht kommen.«

»Warum nicht? Nachts ist die beste Zeit. Da schlafen deine Eltern, da hören sie nichts.«

»Nachts ist die Tür abgeschlossen.«

Gegen neun wird Tom von seiner Mama abgeholt. Bevor Tom geht, fragt Paula schnell noch: »Wenn du wirklich mein Bruder sein willst, dann musst du auch was dafür tun.«

»Was denn?«, fragt Tom.

»Kommen.«

In der Nacht wacht Paula auf. Hat da nicht etwas geklappert? Ob das Tom ist, der mit seinen Sachen kommt? Sie geht ans Fenster. Der Mond scheint. Die Bäume werfen Schatten. In der Ferne schreit eine Katze. Da klappert schon wieder etwas. Aber es ist nur der Wind, der am Gartentor ruckelt. Wenn Tom schon ihr Bruder wäre – ein ganz normaler, kein großer, oder vielleicht sogar ein kleiner –, dann würde sie sich jetzt in ein Laken wickeln, ganz leise ins Gästezimmer runterschleichen und ihn erschrecken.

Sie tapst zurück ins Bett. Wenn Tom ihr Bruder wäre, würde es gar kein Gästezimmer mehr geben. Das wäre dann Toms Zimmer. Und wenn Oma zu Besuch käme, würde sie in ihrem Zimmer schlafen. Oder etwa in Toms Zimmer? Würde Oma automatisch auch Toms Oma werden, wenn er ihr Bruder ist? Und was ist dann mit seiner Oma? Am besten wäre es, jeder würde seine Oma behalten, und seine Mama und seinen Papa auch.

Am nächsten Morgen, in der Schule, rauft Tom mit den anderen Jungs. Paula hat keine Lust, mit den Mädchen Pferd zu spielen. Wieso kommt Tom nicht mit ihr zum Klettergerüst? Sie sind schließlich die besten Freunde.

Mama holt beide von der Schule ab. »Na, war es schön?«

»Ja«, sagt Tom. Paula antwortet nicht. Dann sagt sie: »Frau Meise ist doof. Die meckert so viel. Nach Lukas hat sie schon mal einen Stift geworfen, nur weil er geredet hat.«

Tom sagt, das habe er auch gesehen, und Paula sagt, das könne er gar nicht gesehen haben, er sei nämlich an dem Tag gar nicht da gewesen.

»War ich doch. Und hab ich auch gesehen.«

»Hast du nicht. Du bist gar nicht dabei gewesen.«

»Aber ich habe es trotzdem gesehen. Ich war nämlich in der Sport-AG und bin am Fenster vorbeigedribbelt, und da habe ich genau gesehen, wie Frau Meise einen Stift nach Lukas geworfen hat.«

»Wenn man dribbelt, kann man nebenbei gar nichts mehr sehen. Und schon gar nicht durchs Fenster.«

»Kann man wohl!«

»Nein!«

»Doch!«

»Nahain!«

»Dohoch!«

»Ach Kinder«, sagt Mama.
»Ach Mama«, sagt Paula. »Kannst du nicht die Wahrheit auszählen?«

Sieben Messer im Rücken
Zwei Spinnen im Haar
Und viel Blut fließt sehr langsam
Meck meck –
der Polizist ist da!

Bei meck-meck kneift Mama beiden Kindern in den Hintern. Sie laufen quiekend davon.

Später klettern sie wieder auf den Kirschbaum und setzen sich jeder auf seinen Lieblingsast. Es gibt nicht mehr viel Kirschen in Reichweite und die ganz oben im Baum sind von den Staren angefressen. Paula krabbelt eine Ameise über den Arm. Sie schaut zu, wie sie über ein Härchen klettert. Es kitzelt. Die Ameise dreht um und läuft zurück zum Handgelenk. Hat wohl keine Lust mehr zum Klettern.

»Willst du immer noch mein Bruder werden?«, fragt Paula.
»Weiß nicht«, sagt Tom. »Meine Mama hat gesagt, Geschwister streiten sich andauernd.«
»Tun wir doch auch.«
»Dann müssen wir ja nicht erst Bruder und Schwester werden.«
»Hm«, macht Paula und lässt die Ameise vorsichtig auf einen Zweig krabbeln. »Mein großer Bruder kannst du eh nicht werden.«

»Klar kann ich das.«

»Kannst du nicht«, sagt Paula. »Zwei Wochen sind einfach zu wenig. Es müssen mindestens ...«

»Aber ich weiß Antworten auf alle Fragen«, unterbricht sie Tom. Paula schaut ihn durch die Blätter hindurch an. »So, was denn?«

»Mücken bleiben Mücken, auch wenn ihnen der Rüssel abbricht.«

»Woher weißt du das?«

»Von meiner Oma.«

»Das zählt nicht, du musst die Antworten selber wissen.«

»Gut«, sagt Tom. »Dann bleiben wir eben Freunde, ja?« Er hangelt sich vom Baum und rennt weg. Paula grinst, hangelt sich auch vom Baum und rennt Tom hinterher.

Peter Härtling

Sofie hat einen Vogel

Sofie streckt den Finger und sagt: »Frau Heinrich, ich hab einen Vogel!« Die ganze Klasse lacht.

»Wirklich?«, fragt Frau Heinrich.

»Wirklich!«, ruft Sofie zurück.

Die Klasse lacht noch lauter.

Sofie denkt wütend: Ich muss das anders sagen.

Und sie sagt: »Mein Vater hat mir einen Vogel geschenkt.« Jetzt lachen nur noch ein paar.

Das sind die, die über jeden Quatsch lachen.

»Was ist es denn für einer?«, fragt Frau Heinrich.

»Ein Muskatfink. Er ist klein, hat lauter Punkte auf der Brust und wohnt sonst in Australien.«

»Prima«, sagt Frau Heinrich. Aber du siehst, es ist gar nicht so einfach, über Vögel zu reden. Vor allem, wenn man einen hat.«

Endlich kann die Sofie mitlachen.

Nun wissen alle, dass sie einen Vogel hat. Aber einen richtigen!

Renus Berbig

Superhelden

Gleich bei uns um die Ecke, Riesenfeldstraße 7, 2. Stock, wohnt ein echter Superheld. Dass er eigentlich Werner Knolle heißt, weiß kaum jemand. Die meisten kennen ihn nur aus dem Fernsehen, da heißt er Checkman Top.

Checkman ist weltberühmt. Wenn irgendwo eine Brücke einstürzt, ein Hochhaus wackelt oder sonst wie die Welt unterzugehen droht, rufen alle Checkman um Hilfe. Dann fliegt er, huiii, in null Komma nichts dort hin und bringt die Sache wieder in Ordnung. Checkman checkt immer sofort, was zu tun ist. Das Hochhaus zum Beispiel, stützt er dann mit der einen Hand und die Brücke mit der anderen. So ungefähr jedenfalls. Ich nenne ihn aber Tscheckie, denn Tscheckie und ich sind Freunde. Tscheckie ist ein echt toller Typ. Und oberhilfsbereit. Ich weiß das genau, so haben wir uns nämlich kennengelernt.

Es war im letzten Sommer. Da bin ich mit meinem Fahrrad ein Rennen um den Stadtweiher gefahren. Nur ich gegen die Zeit und gegen den Wind. Ich war schon drei Runden gefahren und war verdammt schnell, da ist plötzlich eine blöde Ente auf die Rennstrecke gelaufen. Ouh, Mann! Ich konnte gerade noch meinen Lenker rumreißen und bin voll ins Schilf gesaust. Ich kann nie-

Superhelden

mandem raten, ins Schilf zu sausen, auch wenn man dadurch einen Superhelden kennenlernt. Das ist echt unangenehm: Das Schilf ist hart, die Blätter sind scharf und die Füße werden nass. Außerdem ist mir auch noch die Kette rausgesprungen. Und weil ich damals noch klein war, konnte ich die Kette nicht selber wieder reindrehen. Ich hab's versucht, aber ich habe mir nur einen Finger eingezwickt und am Ende hatte ich überall schwarze Schmiere. Aber die Kette war immer noch nicht drin. Also habe ich mich hingesetzt und ein bisschen geheult. »Scheißkette, Mensch! Scheißschilf!«, und so.

Zack, plötzlich stand Tschecki da, weil er irgendwas von »Checkman, hilf!« verstanden hat. War natürlich verhört, aber das kann bei einem Superhelden ja auch mal vorkommen. Weil es immer schwer ist, jemanden zu verstehen, wenn er heult.

Tschecki war das sowieso egal. Er hat mir meine Kette einfach wieder reingemacht. Aber auch er musste ganz schön lange tüfteln.

Er kennt sich mit Fahrrädern nicht so gut aus, weil er sich sonst eben um größere Unglücke kümmern muss. Einem Wirbelwind, so schätzt er, nimmt er in dreißig Sekunden die Puste, für meine Kette hat er genau eine Minute und siebenunddreißig Sekunden gebraucht. Ich weiß das, weil ich's gestoppt habe. Und schwarze Schmiere an den Fingern hat er hinterher auch gehabt. Genau wie ich.

Tschecki wollte gar nicht glauben, dass er für eine Fahrradkette fast genauso lange braucht, wie ich brauche, um einmal um den Stadtweiher zu fahren. Ich hab's ihm aber bewiesen. Ich habe ihm meine Uhr gegeben und gezeigt, wo er draufdrücken muss. Auf »Los!« bin ich losgerast.

Die Ente war weg und so habe ich zum ersten Mal eine Runde unter 1:30 Minuten geschafft. Ich war sozusagen schneller als ein Superheld. Da hat Tschecki schon ziemlich gestaunt. Als er mir dann erzählt hat, was er sonst so macht, musste ich staunen. Ich hätte niemals gedacht, dass Superhelden sonst eigentlich ganz normale Typen sind.

Seit diesem Tag sehen wir uns öfter. Wenn wir uns auf der Straße begegnen, ruft Tschecki: »Hey, Lolo, alter Kumpel! Was geht ab, Mann?« Und dann erzählen wir uns, was zurzeit so los ist, in der Schule und in der Welt. Manchmal sehe ich ihn auch, wenn er gerade losfliegt, um mal wieder die Welt zu retten. Dann reiße ich, so schnell ich kann, das Fenster auf und brülle ihm hinterher:

Superhelden

»Viel Glück, Tschecki!« Aber ich bin nicht sicher, ob er es wirklich hört, denn wenn's um die Welt geht, fliegt er echt wahnsinnig schnell.

Einmal habe ich ihn im Fernsehen gesehen. Da hat er gerade eine brennende Ölquelle ausgepustet.

»Aaaaa, das ist Checkman Top!«, hat meine Schwester gekreischt. Paula ist vierzehn. Durch sie weiß ich, dass vierzehn ein Alter ist, in dem man gerne laut kreischt.

»Ja, den kenne ich«, habe ich gesagt. »Tscheckie und ich sind gute Freunde. Eigentlich heißt er Werner Knolle und wohnt in der Riesenfeldstraße.«

»Haa, haa ...«, hat meine Schwester geantwortet, »wahnsinnig komisch.«

Ich habe dann nichts mehr gesagt, das bringt nichts. So sind die Leute. Und vor allem vierzehnjährige Schwestern. Sie glauben das dümmste Zeug, aber Geschichten, die ganz besonders und deswegen wahr sind, glauben sie einem so gut wie nie.

Vor drei Tagen aber hätte ich mir am liebsten gewünscht, Tschecki niemals kennengelernt zu haben. Er hat mich auf der Straße fast über den Haufen gerannt, so eilig hatte er's. »Lolo!«, rief er in einem merkwürdig jammernden Tonfall, als er mich erkannt hatte. »Gut, dasch isch disch treffe. Isch brauch gansch dringend deine Hilfe!«

Ich hatte ihn erst nicht so richtig verstanden, weil er sich dabei auch noch die Backe hielt. Aber so viel war mir klar: Tschecki brauchte Hilfe. Und wenn Tschecki Hilfe brauchte, konnte er auf mich zählen. Klarer Fall.

Superhelden

»Kein Problem, Tschecki«, sagte ich cool. »Was kann ich für dich tun?«

»Lolo«, nuschelte er, »isch musch mal wieder die Welt retten! Aber isch hab scholsche Tschahnschmertschen!« Sein Gejammer war eines Superhelden nicht gerade würdig. Er sah mich flehend an. »Kannscht du dasch nisch für misch erledigen? Isch musch unbedingt tschum Tschahnartscht.«

»Ich?!«, kreischte ich, als ich endlich kapiert hatte, was er von mir wollte. »Jetzt gleich?« Tschecki nickte. Doch bei der Vorstellung, die Welt retten zu müssen, brach mir echt der Schweiß aus. Alles, was ich in diesem Moment zustande brachte, war, heftigst mit dem Kopf zu schütteln.

Tscheckie seufzte. »Lolo, isch tschähl auf disch«, sagte er mit ernster Leidensmiene.

Mir schossen die Tränen in die Augen. »Aber wie soll ich das denn alleine schaffen?!« Ich war völlig verzweifelt.

Doch Tschecki lächelte nur ein wenig schief wegen seiner dicken Backe und klopfte mir aufmunternd auf die Schulter. »Dasch packscht du schon. Viel Glück, Alter.« Er hob seine Fäuste und deutete an, dass er mir die Daumen drücken werde. Dann zuckte er plötzlich zusammen und schrie: »Aua!«, griff sich an die Backe, und ehe ich noch irgendwas sagen konnte, war er weg. Ich schätze mal, zum Zahnarzt.

Na ja, was sollte ich machen? Ich habe einmal tief durchgeatmet, all meinen Mut zusammengenommen und bin einfach losgeflogen. Ich war natürlich total aufgeregt. Auch die Leute, denen ich helfen sollte, haben erst mal ziemlich blöd geschaut. Aber als sie

gehört haben, dass ich kurzfristig für Tschecki eingesprungen bin, waren sie doch sehr dankbar. Wir haben die Sache dann zusammen angepackt und so ging es eigentlich ganz gut. Manchmal muss man sich nur überwinden und die Dinge einfach machen. Irgendwie klappt es dann schon.

Und wenn ich es mir jetzt noch mal überlege, dann war es eigentlich gar nicht so schwer, die Welt zu retten.

Christine Nöstlinger
Der Bohnen-Jim

Es war einmal ein kleiner Junge, der hieß Jim, und der hatte eine kleine Schwester, die Jenny. Die Jenny war fast noch ein Baby. Richtig sprechen konnte sie nicht. Sie konnte erst einen Satz sagen. Der Satz hieß: »Das will Jenny haben!«

Jenny zeigte immer auf Jims Spielsachen und schrie: »Das will Jenny haben!« Und sie hörte erst zu schreien auf, wenn sie bekommen hatte, was sie wollte.

Eines Tages fand der Jim eine wunderschöne Bohne. Sie war groß und schwarz, mit weißen Streifen und rosa Punkten. Der Jim schmierte die Bohne mit Schmalz ein. Da glänzte sie ungeheuer schön.

Wie der Jim so saß und seine schöne Bohne bewunderte, kam die Jenny. Sie sah die Bohne und schrie: »Das will Jenny haben!«

Sie schrie sehr laut.

Der Mutter ging das Geschrei auf die Nerven. Die Mutter sagte: »Jim, gib ihr doch die blöde Bohne!« Die Bohne war aber nicht blöd, sondern wunderschön, und der Jim wollte sie nicht hergeben. Er machte eine feste Faust um die Bohne und hielt die Faust in die Luft. Die Jenny schrie und sprang nach der Faust. Und die Jenny war sehr kräftig und konnte sehr hoch springen. Sie bekam

Christine Nöstlinger

die Faust zu fassen und zog Jims Arm zu sich herunter und versuchte, in die Faust zu beißen.

Und die Mutter rief: »Jim, sei ein lieber Bruder! Gib ihr die Bohne!«

Der Jim wollte kein lieber Bruder sein. Diesmal nicht! Er wollte seine Bohne nicht hergeben. Die Jenny biss den Jim in die Finger. Der Jim brüllte los und öffnete die Faust. Die Bohne fiel zu Boden und sprang unter den Schrank.

Der Jim und die Jenny knieten vor dem Schrank nieder und versuchten, die Bohne zu erwischen. Die Bohne lag ganz weit hinten, an der Wand. Jennys Arm war zu kurz, um an die Bohne zu kommen. Jims Arm reichte. Er griff nach der Bohne und bekam sie zwischen die Finger und dachte: Wenn ich sie hervorhole, nimmt sie mir die Jenny weg! Und die Mutter hilft mir nicht! Sie hält immer zur Jenny! Und da hatte der Jim einen Einfall. Er holte die Bohne hervor und steckte sie, so schnell, dass Jenny nichts dagegen tun konnte, in den Mund. Er dachte: Hinter meinen Zähnen kann sie nichts hervorholen! Da beiße ich nämlich zu.

Die Jenny versuchte trotzdem, die Bohne hinter Jims Zähnen hervorzuholen. Und der Jim biss zu! Aber dabei verschluckte er leider die wunderschöne Bohne! Sie rutschte ihm einfach den Schlund hinunter. Wahrscheinlich, weil sie mit Schmalz eingeschmiert war. Schmalz macht nicht nur glänzend, sondern auch schlüpfrig.

Die Jenny greinte noch ein bisschen um die Bohne, aber dann fand sie ein anderes Ding, wobei sie schreien konnte: »Das will Jenny haben!«

Nach ein paar Tagen wurde dem Jim sonderbar im Bauch. Und in seinem Hals kratzte es. Und in den Ohren kitzelte es. Richtig übel war dem Jim.

Die Mutter holte den Arzt. Der Arzt sagte: »Jim, mach den Mund auf. Ich muss schauen, ob du einen roten Hals hast!«

Der Jim hatte keinen roten Hals. Er hatte einen grünen Hals. Der Arzt starrte in Jims grünen Hals. Er hatte noch nie einen grünen Hals gesehen. Das sagte er aber nicht. Er sagte: »Er brütet etwas aus! Man kann es noch nicht sagen! Warten wir ein paar Tage zu!«

Der Jim wartete zu. Es wurde von Tag zu Tag ärger. Auch in der Nase juckte es. Und das Halskratzen wurde immer schlimmer.

So ging das zwei Wochen. Dann erwachte Jim eines Morgens

und gähnte und hielt sich beim Gähnen die Hand vor den Mund und spürte, dass da etwas über seine Lippen hing. Er sprang aus dem Bett und lief zum Spiegel. Aus seinen Ohren, aus seiner Nase und aus seinem Mund blitzte es grasgrün. Kleine Blätter waren das!

Die Mutter holte wieder den Arzt. Der Arzt zupfte an Jims Blättern herum, kratzte sich die Glatze und sprach: »Das ist ja eher ein Fall für einen Gärtner!«

So rief die Mutter nach einem Gärtner. Der kam und riss ein Blatt aus Jims rechtem Nasenloch und sprach: »Klarer Fall! Da treibt eine Bohne aus! Das muss eine wunderschöne Bohne gewesen sein!«

Der Jim nickte. Sprechen konnte er nicht, wegen der Blätter im Mund.

Der Arzt sagte: »Ich muss mich erst mit der Ärztekammer beraten!«

Der Gärtner sagte: »Ich muss mich erst mit der Gärtner-Innung beraten!«

Dann gingen der Arzt und der Gärtner, beide kopfschüttelnd, davon.

Von Stunde zu Stunde wuchs mehr und mehr Grünzeug aus Jim. Es wurde immer länger und dichter. Die Mutter konnte den Jim nicht im Haus behalten. Sie trug ihn in den Garten und setzte ihn ins Rosenbeet. Rechts und links von ihm schlug sie Stecken in die Erde. Daran band sie die Bohnenranken.

Gott sei Dank war Sommer. Der Jim fror nicht. Manchmal war ihm sogar recht heiß. Dann spritzte ihn die Mutter mit dem Gar-

tenschlauch ab. Manchmal regnete es. Wenn es fürchterlich stark schüttete, kam die Mutter und hielt einen Regenschirm über ihn.

Dann begann der Jim zu blühen. Orangefarben waren seine Blüten.

Und dann kamen die grünen Bohnen aus Jim. Schöne, gerade, hellgrüne Bohnen.

Die Mutter pflückte jeden Tag ein Körbchen voll. Und das Bohnengrünzeug wuchs noch immer weiter. Dunkelgrün und ganz dicht war es jetzt. Jim saß darin wie in einem Zelt. Man konnte ihn fast gar nicht mehr sehen. Manchmal hörte ihn die Mutter husten und niesen, denn es wurde schon Herbst und die Nächte waren recht kalt.

Eines Morgens waren die Bohnenblätter gelb. Zu Mittag waren sie braun. Und am Abend waren die Blätter ganz verdorrt und fielen zu Boden.

Die Mutter konnte durch die dürren Ranken auf den Jim sehen. Sie winkte ihm zu, dann lief sie zum Gärtner.

Der Gärtner kam und er wunderte sich überhaupt nicht. »Bohnen sind einjährige Pflanzen«, sagte er. Er holte alle Ranken und Stängel von Jims Kopf und zog sie aus Jims Ohren und Jims Nase und Jims Mund. Das ging leicht und tat dem Jim nicht weh.

Jim ging mit der Mutter ins Haus. Die Mutter öffnete den Küchenschrank. Sie zeigte auf sechzig Einsiedegläser voll grüner Bohnen. Sie sagte: »Jim, die sind alle von dir!«

Von nun an aß der Jim jeden Freitag, wenn die anderen Haferbrei bekamen, seine guten, grünen Bohnen.

Die Jenny saß vor ihrem Haferbreiteller und zeigte auf Jims grüne Bohnen und schrie: »Das will Jenny haben!«

Doch die Mutter sagte bloß: »Jenny, halt den Mund!«

Roald Dahl

Danny

Aus dem Englischen von Sybil Gräfin Schönfeldt

Daran gab es gar keinen Zweifel, mein Vater war ganz bestimmt der beste und aufregendste Vater, den ein Junge je gehabt hat. Auf der nächsten Seite ist er abgebildet.

Wenn man ihn nicht so gut kannte, hätte man vielleicht denken können, dass er streng und immer sehr ernst war. Aber das war er überhaupt nicht. In Wirklichkeit war er zu allen Späßen aufgelegt. Er kam den Leuten nur so ernst vor, weil er niemals mit dem Mund lächelte. Er lächelte nur mit seinen Augen. Er hatte leuchtende blaue Augen, und wenn er an etwas Lustiges oder Komisches dachte, dann fingen seine Augen an zu funkeln, und wenn man genau hinsah, konnte man wirklich sehen, dass mitten in jedem Auge ein winziger goldener Funke tanzte. Aber den Mund verzog er nie.

Ich war froh, dass mein Vater mit den Augen lächelte. Es bedeutete nämlich, dass er mir nie ein falsches Lächeln schenkte, denn es ist unmöglich, die Augen funkeln zu lassen, wenn man sich nicht innen auch ganz funkelig fühlt. Ein Lächeln mit dem Mund ist etwas anderes. Den Mund kann man leicht zu einem Lächeln verziehen, da braucht man nur die Lippen zu bewegen. Ich habe auch schon herausgefunden, dass ein echtes Mundlächeln immer von einem Augenlächeln begleitet wird. Darum passt gut auf, wenn euch einer nur mit dem Mund anlächelt, ohne dass mit seinen Augen etwas passiert. Ihr könnt Gift darauf nehmen, dass dann irgendetwas faul ist.

Mein Vater war ganz sicher nicht das, was man einen gelehrten Mann nennen würde, und ich nehme an, dass er keine zwanzig Bücher in seinem Leben gelesen hat. Aber er war ein großartiger Geschichtenerzähler. Jeden Abend dachte er sich eine Gutenachtgeschichte für mich aus, und aus den besten machte er regelrechte Fortsetzungsromane, die immer weitergingen, viele Abende lang. Eine, die sicher mindestens fünfzig Abende lang gedauert hat, handelte von einem gewaltigen Kerl, genannt der Große Freundliche Riese oder, abgekürzt, GFR.

Der GFR war dreimal so groß wie ein normaler Mensch und seine Hände waren so groß wie Schubkarren. Er hauste in einer riesigen unterirdischen Höhle, nicht weit von unserer Tankstelle entfernt, aber er traute sich nur ins Freie, wenn es stockfinster war. Drinnen in seiner Höhle hatte er eine Pulverfabrik, in der er über hundert verschiedene Sorten von Zauberpulver herstellte.

Wenn mein Vater Geschichten erzählte, ging er dabei manchmal auf und ab und ruderte mit den Armen in der Luft herum und wedelte mit den Fingern. Aber meistens saß er dicht bei mir auf meinem Bett und sprach leise.

»Der Große Freundliche Riese stellt seine über hundert Sorten Zauberpulver aus den Träumen her, die die Kinder träumen, wenn sie schlafen«, sagte er.

»Wie denn?«, fragte ich. »Erklär mir, wie er das macht, Paps.«

»Träume, mein Schatz, sind sehr geheimnisvolle Gebilde. Sie treiben wie kleine Wolken in der Nachtluft herum und suchen nach Schläfern.«

»Kann man sie sehen?«, fragte ich.

»Niemand kann sie sehen.«

»Und wie kann der Große Freundliche Riese sie dann fangen?«

»Aaah«, sagte mein Vater, »das ist eine sehr interessante Sache. Also, wenn ein Traum so durch die Nachtluft schwebt, macht er dabei ein klitzekleines Summgeräusch, so zart und leise, dass normale Menschen es gar nicht hören können. Nur der GFR, der kann es ohne Weiteres hören. Sein Gehör ist einfach fantastisch.«

Ich schaute meinen Vater immer gern an, wenn er mir mit konzentrierter Miene Geschichten erzählte. Sein Gesicht war dann blass und ruhig und so, als wäre er weit weg, und er wusste nicht mehr, was um ihn herum geschah.

»Der GFR«, fuhr er fort, »kann die Schritte eines Marienkäfers, der über ein Laubblatt krabbelt, hören. Er kann das Gewisper der Ameisen hören, wenn sie in ihrem Ameisenhaufen hin und her eilen und sich dabei unterhalten. Er kann auch den Schmerzensschrei hören, den ein Baum ausstößt, wenn der Holzfäller seine Axt in ihn hineinschlägt. Oh ja, mein Schatz, es gibt eine ganze Welt von Geräuschen rings um uns her, die wir nicht wahrnehmen können, weil unsere Ohren einfach nicht empfindlich genug sind.«

»Und was passiert, wenn er die Träume gefangen hat?«, fragte ich.

»Er stopft sie in Glasflaschen und schraubt die Flaschen so fest wie möglich zu«, antwortete mein Vater. »In seiner Höhle stehen Tausende von solchen Flaschen.«

»Fängt er auch die schlechten Träume? Oder nur die guten?«

»Ja«, sagte mein Vater, »auch die schlechten. Die guten und die schlechten. Aber für seine über hundert Sorten Zauberpulver benutzt er nur die guten.«

»Und was macht er mit den schlechten?«

»Die lässt er explodieren.«

Ich kann euch gar nicht sagen, wie lieb ich meinen Vater hatte. Wenn er so auf meiner Bettkante saß, ganz dicht bei mir, dann streckte ich die Hand aus und schob sie unter seine und dann legte er seine langen Finger um meine kleine Faust und hielt mich fest.

»Und was macht der GFR mit dem vielen Pulver, das er herstellt?«, fragte ich.

»In der Tiefe der Nacht«, antwortete mein Vater, »streicht er durch die Dörfer und Ortschaften und sucht nach Häusern, in denen Kinder schlafen. Weil er so groß ist, kann er auch in die Fenster im ersten und sogar im zweiten Stock hineinschauen, und wenn er ein Zimmer mit einem schlafenden Kind entdeckt, dann macht er seinen Koffer auf ...«

»Seinen Koffer?«, fragte ich.

»Der Große Freundliche Riese hat immer einen Koffer und ein Blasrohr bei sich«, erwiderte mein Vater. »Das Blasrohr ist so lang wie ein Laternenpfosten. Und der Koffer ist für die über hundert Sorten Pulver. Er macht also seinen Koffer auf und sucht genau das richtige Pulver aus ... und dann tut er es in das Blasrohr ... und dann schiebt er das Blasrohr leise durch das offene Fenster ... und puff bläst er das Pulver hinein und das Pulver schwebt im Zimmer umher und das Kind atmet es ein ...«

»Und was passiert dann?«, fragte ich.

»Und dann, Danny, dann träumt das Kind einen wunderbaren und herrlichen Traum, und wenn der wunderbarste und herrlichste Moment des Traumes kommt, dann beginnt das Zauberpulver zu wirken ... Und plötzlich ist der Traum kein Traum mehr, sondern Wirklichkeit, und der kleine Junge liegt nicht mehr im Bett und schläft, sondern ist hellwach und lebt da, wo der Traum ihn hingetragen hat, und nimmt an allem teil ... Ich meine, richtig, in Wirklichkeit, der Traum wird sein wirkliches Leben. Aber davon erzähle ich dir morgen. Es ist schon spät. Gute Nacht, Danny. Schlaf jetzt schön.«

Mein Vater gab mir einen Kuss und schraubte den Docht der Petroleumlampe herunter, bis die Flamme verlosch. Er setzte sich vor den Holzofen, dessen rote Glut jetzt in dem dunklen Raum einen gemütlichen Schimmer verbreitete.

»Du, Paps«, flüsterte ich.

»Was ist denn?«

»Hast du den Großen Freundlichen Riesen wirklich einmal gesehen?«

»Einmal«, antwortete mein Vater. »Nur ein einziges Mal.«

»Du hast ihn wirklich gesehen! Wo denn?«

»Ich war draußen, hinter unserem Wagen«, sagte mein Vater, »und es war eine klare Mondnacht und ich schaute zufällig auf, da sah ich plötzlich diese unheimlich große Gestalt über den Hügel laufen. Er machte ganz lange, sonderbar schwebende Schritte und sein schwarzer Umhang wehte wie Vogelschwingen hinter ihm her. Mit der linken Hand trug er einen großen Koffer und in der rechten hielt er das Blasrohr, und als er zu der hohen Weißdornhecke am Ende des Feldes kam, stakste er einfach darüber hinweg, so als ob es gar nichts wäre.«

»Hast du Angst gehabt, Paps?«

»Nein«, sagte mein Vater. »Ich fand es furchtbar aufregend, ihn zu sehen, auch ein bisschen unheimlich, aber Angst hab ich nicht gehabt. Schlaf jetzt, mein Junge. Gute Nacht.«

Rhoda Levine

Er war da und saß im Garten

Aus dem Amerikanischen von Hans Manz

Als wir einzogen, war er da. Er war da und saß im Garten.

»Ob er wohl zu diesem Garten gehört?«, fragte mein Bruder Oskar, während wir durchs Fenster blickten.

»Ich kann mich nicht erinnern, dass jemand von ihm gesprochen hat, als wir das Haus kauften«, sagte mein Vater unsicher. »Aber was will er dann hier?«

»Ich glaube, er wartet auf etwas«, sagte ich.

Wir waren uns alle einig, dass er auf etwas wartete.

»Auf mich wartet er, auf mich, auf mich!«, schrie plötzlich mein Bruder Oskar und rannte durch die Küche in den Garten. Man muss wissen, dass mein Bruder erst vier Jahre alt ist.

»Nein, ich bin sicher, dass er auf uns alle wartet«, widersprach meine Mutter, als wir hinter Oskar hergingen.

Und dann standen wir ihm gegenüber. Aber keiner von uns hätte erraten können, ob es ihn freute oder ob es ihm missfiel, uns zu sehen.

»Vielleicht wartet er darauf, dass ich auf und ab springe!«, redete sich Oskar ein und sprang auf und ab.

»Vielleicht möchte er einen meiner Purzelbäume sehen!« Oskar hatte eben gelernt, Purzelbäume zu schlagen.

»Oder dann«, versuchte es Oskar atemlos von Neuem, »oder dann wünscht er, dass ich nur auf einem Bein hüpfe!«

»Und ich glaube«, besänftigte meine Mutter und legte Oskar beruhigend die Hand auf die Schulter, »dass er etwas fressen möchte.«

Meine Mutter ist eine sehr praktische Frau.

Was mich betrifft: Ich spürte, dass dies nicht die richtige Antwort war, aber ich ließ meine Mutter eine Schale Milch, rohes Hackfleisch und einen Suppenknochen holen. Sie stellte die Dinge vor ihn hin.

Oskar selbst stob davon und holte einen klebrigen Dauerlutscher. Er war grün! Aber schließlich: Oskar ist ja erst vier Jahre alt! Nun: Er nahm von allem ein wenig – ausgenommen natürlich vom Dauerlutscher. Ich hasse Grün genauso!

»Er wartet noch immer! Er wartet auf etwas anderes! Aber worauf wartet er?« Oskar war ganz schön verwirrt.

»Ich weiß bestimmt, dass er uns kennenlernen möchte«, sprach meine Mutter, als sie uns ins Haus schob. »Er will es sich nur noch eine Nacht lang überlegen.«

Also, in dieser Nacht dachte ich viel über ihn nach. Aber ich war nicht so dumm, immer wieder barfuß ans Fenster zu laufen, um zu sehen, ob er noch da war.

Das tat Oskar. Und er war am folgenden Morgen noch da. Es regnete, aber er schien es nicht zu bemerken.

Meine Mutter lächelte: »Ich bin sicher, dass er darauf wartet, dass wir ihn ins Haus einladen.« Meine Mutter konnte niemanden im Regen sitzen sehen.

Kaum hatte sie das gesagt, rannte Oskar hinaus, zu ihm: »Meine Mutter sagt, du darfst ins Haus kommen. Komm doch, komm schön.« Nichts geschah. Deshalb streute Oskar eine Zeile Cornflakes vom Hund zur Tür. »Komm, komm schön, komm doch, bitte, bitte«, lockte mein Bruder weiter. Aber er saß nur da, mit triefendem Fell, wartend.

So gingen die Tage vorbei. Wir fütterten ihn, und wenn es kühl wurde, legten wir ihm eine Wolldecke über den Rücken. Es schien ihn nicht zu stören.

Während dieser ganzen Zeit versuchte Oskar immer hartnäckiger herauszufinden, worauf er wartete.

Einmal brachte er ihm ein Stück Schnur.

Ein andermal legte er eine Stoffkatze vor ihn hin.

Er versuchte es mit einer Schachtel Farbstifte.

Er zeigte ihm endlich auch noch einen Kalender.

Und zuletzt dachte Oskar: ›Er möchte, dass ich mit ihm spreche.‹ Stell dir das vor: Oskar verbrachte einen geschlagenen Nachmittag damit, bei ihm zu sitzen und mit ihm zu reden! Ein ganzer Nachmittag ist eine schön lange Zeit!

Und etwas später sagte Oskar zu mir, dass er nun ganz sicher sei, dass sich der Arme ein neues Spielzeug wünsche.

Ich muss gestehen: Ich hatte eher den Eindruck, Oskar wünsche sich selber eines.

Erst als alles nichts half, gab Oskar auf. Manchmal sprach er schon gar nicht mehr von ihm und besuchte ihn nicht einmal! Ich weiß zwar nicht, wie alt du bist, aber vielleicht kannst du das verstehen: Man hat es sehr schwer, wenn man sich für jemanden interessiert, der einen nicht einmal beachtet!

Ich hingegen vergaß trotz allem nie, über ihn nachzudenken. Ich fuhr fort, herauszufinden, was ihm fehlte. Ich hörte nie auf, mich mit ihm zu beschäftigen – nicht, wenn ich Fußball spielte, nicht, wenn ich las, nicht einmal, wenn ich schlief.

Eines Nachts, nehme ich an, dachte ich aber besonders angestrengt über ihn nach. Ich hatte ihn vorher lange beobachtet, wie er mit geschlossenen Augen im Mondschein saß.

›Hör mal‹, dachte ich, ›du hast Futter, du hast Freunde und ein Heim, aber was willst du wirklich?‹ Und als ich das dachte, wusste ich es! Er wünschte sich einen Namen! Er wartete auf einen Namen!

Am nächsten Morgen begann ich, eine Liste zu machen. Ich schrieb alle Namen darauf, die ich je gehört hatte. Ich suchte in sämtlichen Büchern, die wir besaßen, nach Namen. Ich schrieb sie selbst von Plakaten und Werkzeugen ab. Nicht, dass ich ihn »Haushaltsgeschäft Meier's Erben & Co« oder »Wilhelm Tell« hätte taufen wollen. Nein, gewiss nicht. Was ich wollte, war nur eine vollständige Liste, um keine Möglichkeit zu verpassen.

Weißt du, für einen erwachsenen Hund einen Namen zu finden ist noch lange nicht dasselbe wie für ein neugeborenes Kind. Du musst den richtigen treffen, den einzigen, auf den er gewartet hat. Du kannst ihm nicht einfach einen nachwerfen. Als ich an den Mittagstisch gerufen wurde, hatte ich die längste Liste, die ich in meinem Leben je gesehen habe. Und – was wichtiger ist – mit den schönsten Namen gefüllt, mit der Füllfeder säuberlich aufgeschrieben.

»Was zeichnest du?«, fragte Oskar. Mein Bruder Oskar kann nicht lesen.

»Ich zeichne nicht, ich schreibe«, sagte ich.

»Was schreibst du?«

Ja, und da machte ich den großen Fehler. Ich sagte ihm, was ich schrieb und warum.

Oskars Augen wurden immer größer, als ich es ihm erklärte.

Manchmal merkt er doch, dass ich ganz hübsch klug bin. Er riss seine Augen derart weit auf, dass ich darüber ganz vergaß, auf ihn zu achten. Er ging langsam rückwärts, während ich sprach, und – schon war er weg! Er rannte geradewegs in den Garten und schrie: »Ich weiß ihn, ich weiß seinen Namen!«

Oskar war im Garten, bevor ich ihn hätte aufhalten können. Vierjährige können oft schneller laufen als irgendjemand sonst auf dieser Erde.

»Warte!«, rief ich, »sei vorsichtig, überleg es dir noch einmal!« Aber ich glaube, er war gar nicht imstande zu warten. Halbwegs war ich froh, dass wenigstens die Eltern beschäftigt waren. Sie wenigstens konnten nicht sehen, was nun geschah.

Oskar rannte, ohne zu zögern, auf ihn los. Dicht vor ihm hielt er an und streckte seinen Zeigefinger aus ... und tippte an seine Nase.

»Deinen Namen«, keuchte er, »ich kenne deinen Namen! Dein Name ist ...« Er hob das eine Ohr hoch und flüsterte ihn hinein. – Dann trat er zurück. Ich habe Oskar noch nie so stolz und so glücklich gesehen.

Wir hielten beide den Atem an, eine volle Minute lang. Er blinzelte nur, dieser Hund! Langsam hob er seinen Blick und schaute uns mit traurigen und nachsichtigen Augen an. Nochmals blinzelte er, wie wenn er sich eine letzte Sekunde Zeit geben wollte, und dann rappelte er sich hoch, schüttelte sich und setzte sich in Bewegung – so, als wäre er alt und müde. Er ging dem Ausgang des Gartens entgegen. Allerdings, als mir Oskar den Namen verriet, den er geflüstert hatte, musste ich zugeben: Auch ich wäre weggelaufen. Wer um Himmels willen gibt einem Hund den Namen Marlieschen – selbst wenn das der Name eines Mädchens ist, das im nächsten Haus wohnt!

Ich dachte: ›Oskar ist ja hübsch blöd.‹ Aber ich sagte es ihm nicht. Er stand schon traurig genug da. Ich meine: sehr traurig.

Gerade deshalb wohl handelte ich. Ich rannte dem Hund nach, holte ihn ein und stellte mich vor ihn hin und begann auf ihn einzureden. Er trottete unbeirrt weiter.

»Hör mir doch zu!«, sagte ich, »ich habe eine lange Liste von Namen, die noch infrage kämen und die du noch nicht einmal gehört hast. Namen wie Arthur, Gregor, Vinzenz und Bertram ...«

Er blieb stehen. Er blinzelte.

»Ich weiß«, fügte ich rasch hinzu, »das sind wahrscheinlich auch noch nicht die richtigen Namen, aber ich kann dir noch andere vorschlagen. Französische Namen, Ortsnamen, Kosenamen – was du willst! Aber gib mir doch erst die Gelegenheit dazu!«

Er schüttelte sich.

»Glaube mir, mein Vater hat mir erzählt: Der Hund ist der beste Freund des Menschen. Gut so, aber ein Freund lässt doch nicht einfach Leute im Stich, nur weil sie sich einmal geirrt haben!«

Ich denke, das waren die Worte, die ihn trafen. Er blinzelte wieder ... und setzte sich hin.

Nun, da sitzt er noch immer und wartet. Er sitzt näher beim Ausgang, aber er ist immer noch da.

Oskar streichelt ihn oft, obschon er kaum noch mit ihm spricht. Weißt du, wir sind daran, den richtigen Namen früher oder später herauszufinden. Ich, für meinen Teil, bemühe mich sehr darum. Ich denke nach, er wartet. So versuchen wir es miteinander.

Und das, sagt meine Mutter, ist so ziemlich das Beste, was man tun kann.

Quellen und Rechtenachweis

Katja Alves, Das Lied von der kleinen Ameise
  © Katja Alves
Renus Berbig, Superhelden
  © Renus Berbig
Hiltrud Conrad, Durch dick und dünn
  Aus: Der Bunte Hund, Nr. 69, hrsg. von Hans-Joachim Gelberg. Beltz & Gelberg in der Verlagsgruppe Beltz, Weinheim Basel 2004. © Hiltrud Conrad
E. E. Cummings, Der Elefant und der Schmetterling
  Aus: ders., Fairy Tales – Märchen. Aus dem Englischen von Hanne Gabriele Reck, Verlag Langewiesche-Brandt, Ebenhausen bei München 1981. © 1965 Marion Morehouse Cummings ©1972, 2008 Langewiesche Brandt KG Ebenhausen
Roald Dahl, Danny
  Aus: ders., Danny oder Die Fasanenjagd. Mit Bildern von Philip Waechter. Roald Dahl, Danny oder Die Fasanenjagd. Deutsche Übersetzung von Sybil Gräfin Schönfeldt. Copyright © 1975 by Rowohlt Verlag GmbH, Reinbek bei Hamburg. Copyright © 1975 by Roald Dahl Nominée Ltd
Beate Dölling, Mücken bleiben Mücken
  © Beate Dölling
Wieland Freund, Ida auf der anderen Seite
  © Wieland Freund
Goldlöckchen und die drei Bären
  Nach einem alten englischen Märchen (Textbearbeitung d. Hrsg.)
Kenneth Grahame, Der Fluss
  Aus: Kenneth Grahame, Der Wind in den Weiden. Übersetzt von Harry Rowohlt. Illustriert von E.H. Shephard. Copyright © 2004 by KEIN & ABER AG Zürich
Josef Guggenmos, Au!
  Aus: ders., Oh, Verzeihung, sagte die Ameise. Mit Bildern von Nikolaus Heidelbach. © Beltz & Gelberg in der Verlagsgruppe Beltz, Weinheim Basel 1990
Dorothee Haentjes, Schaf ahoi
  Aus: dies./ Philip Waechter, Schaf ahoi. Ellermann 1999 (lieferbar auch als Minimax-Bilderbuch, Beltz & Gelberg 2010). Text © Dorothee Haentjes
Peter Härtling, Sofie hat einen Vogel
  Aus: ders., Sofie macht Geschichten. Mit Bildern von Jutta Bauer. © Beltz & Gelberg in der Verlagsgruppe Beltz, Weinheim Basel 1980

Quellen und Rechtenachweis

Franz Hohler, Der kluge Bär, Schafsgeschichte
 Aus: ders./Nikolaus Heidelbach, Das große Buch. Geschichten für Kinder.
 Mit Illustrationen von Nikolaus Heidelbach. © Carl Hanser Verlag München 2009
Janosch, Der Bär und der Vogel
 Aus: ders., Das große Janosch-Buch. Beltz & Gelberg in der Verlagsgruppe Beltz,
 Weinheim Basel 1976. © Janosch
Klaus Kordon, Pinocchio im Schnee
 © Klaus Kordon
Rhoda Levine, Er war da und saß im Garten
 Aus: dies., Er war da und saß im Garten. Mit Bildern von Edward Gorey.
 Aus dem Amerikanischen von Hans Manz. Diogenes Verlag AG Zürich 1970.
 © Rhoda Levine. Für die Übersetzung © Hans Manz
Åsa Lind, Zackarina und die Dunkelheit
 Aus: dies., Zackarina und der Sandwolf. Mit Bildern von Philip Waechter. Aus
 dem Schwedischen von Jutta Leukel. © Beltz & Gelberg in der Verlagsgruppe
 Beltz, Weinheim Basel 2004
Paul Maar, Wer ist der Größte?
 © Paul Maar
Bart Moeyaert, Afrika hinter dem Zaun
 Aus: ders./Anna Höglund, Afrika hinter dem Zaun. Mit Bildern von Anna Höglund. Aus dem Niederländischen von Mirjam Pressler. Carlsen Verlag GmbH,
 Hamburg 1999. © Em. Querido's Uitgeverij BV 1995, 2009. Für die Übersetzung
 © Mirjam Pressler
Erwin Moser, Der einsame Frosch
 Aus: ders., Der einsame Frosch. Mit Bildern von Erwin Moser. © Beltz
 & Gelberg in der Verlagsgruppe Beltz, Weinheim Basel 1991
Christine Nöstlinger, Ameisen, Der Bohnen-Jim
 Aus: dies., Das große Nöstlinger Lesebuch. Geschichten für Kinder. © Beltz
 & Gelberg in der Verlagsgruppe Beltz, Weinheim Basel 1996
Uri Orlev, Der Junge im Spiegel
 Aus: ders., A mouthful of Meatball, Keter Publishing Hosuse, Jerusalem © 2008
 Published by arrangement with The Institute of the Translation of Hebrew
 Literatur. Für die Übersetzung © Mirjam Pressler. Deutsche Erstveröffentlichung
Annette Pehnt, Bosto
 © Annette Pehnt
Mirjam Pressler, Katharina und so weiter
 Aus: ders., Katharina und so weiter. Mit Bildern von Edith Lang. © Beltz
 & Gelberg in der Verlagsgruppe Beltz, Weinheim Basel 1984
Rafik Schami, Samis Katze © Rafik Schami

Jürg Schubiger, Am Meer gewesen
  Aus: ders., Wo ist das Meer? Mit Bildern von R.S.Berner. © Beltz & Gelberg in der Verlagsgruppe Beltz, Weinheim Basel 2000
Andrej Usatschow, Das Mäuschen, das nach der Uhr lebte
  © Andrej Usatschow. Für die Übersetzung © Simone Peil
Fredrik Vahle, Fischbrötchen
  Aus: ders., Fischbrötchen. Aus dem Leben einer naseweisen Schildkröte. Mit Bildern von Verena Ballhaus. © Beltz & Gelberg in der Verlagsgruppe Beltz, Weinheim Basel 2005
Philip Waechter, Rosi in der Geisterbahn
  Aus: ders., Rosi in der Geisterbahn (Auszug). © Beltz & Gelberg in der Verlagsgruppe Beltz, Weinheim Basel 2005
Philip Waechter, Die Geschichte meines Opas.
  Aus: ders., Die Geschichte meines Opas. © Beltz & Gelberg in der Verlagsgruppe Beltz, Weinheim Basel 2003
Martina Wildner, Alles Verhandlungssache
  © Martina Wildner

Bildnachweis

Fast alle Bilder wurden von Philip Waechter eigens für die hier versammelten Geschichten neu gezeichnet, einige wenige Vignetten wurden aus anderen Bilderbüchern des Künstlers übernommen.
Die Bilder auf den Seiten 2 und 238 entstanden als Titelbild für das Kindermagazin *Der Bunte Hund*.
Das kleine Bild auf Seite 5 stammt aus dem Titelbild zu Peter Härtling, *Romane für Kinder* (Band 1).
Das Bild auf Seite 233 entstand als Titelbild zu Christine Nöstlinger, *Romane für Kinder*.
Die Illustration zu der Geschichte von Janosch *Der Bär und der Vogel* auf Seite 157 wurde der von Philip Waechter bebilderten Anthologie *Die schönsten Weihnachtsgeschichten,* hrsg. von Peter Härtling (Berlin 2008), entliehen. Mit freundlicher genehmigung des Aufbau Verlags. Vielen Dank dafür!

Philip Waechter, geboren 1968, studierte Kommunikationsdesign an der FH Mainz, und lebt als freier Illustrator mit seiner Familie in Frankfurt am Main. Er ist Mitglied in der Ateliergemeinschaft LABOR (www.laborproben.de), die bei Beltz & Gelberg das *Kinder Künstler Kritzelbuch* veröffentlichte. Bei Beltz & Gelberg erschienen auch seine Bilderbücher *Die Geschichte meines Opas* (Schönste deutsche Bücher), *ich* (Schönste deutsche Bücher), *Rosi in der Geisterbahn, Sehr berühmt* (Schönste deutsche Bücher) und *Sohntage.* Zusammen mit Moni Port veröffentlichte er das Bilderbuch *Der Krakeeler.*

Barbara Gelberg, geboren 1961, studierte Kunsterziehung und Germanistik und arbeitet seit vielen Jahren als Lektorin bei Beltz & Gelberg. Sie lebt mit ihrer Familie in Heidelberg. Zuvor erschien die von ihr herausgegebene Anthologie *Von Drachen und Mäusen* mit Bildern von Axel Scheffler.

Bilderbücher von Philip Waechter

ich
Gebunden, 64 Seiten (79873)

»Ich bin toll. Mein Herz ist groß und ich bin für jeden Spaß zu haben«. Doch um glücklich zu sein, braucht auch der Bär einen Freund. »Ein heiter-melancholisches, weise-ironisches, zärtlich-kluges Büchlein. Man kann es Großen und Kleinen schenken. Oder dem Lieblingsbären.« *Sächsische Zeitung*

Sehr berühmt
Gebunden, 64 Seiten (79905)

Ein bezauberndes, zeitloses kleines Fußballbuch. »Waechter versteht etwas vom Fußball. Und von Träumen auch. Er erzählt leidenschaftlich und humorvoll, wie es dem kleinen Helden ergeht.« *Frankfurter Rundschau*
»Soviel Weisheit so witzig, originell und mit so wenigen Worten an den Mann zu bringen, dafür wird Waechter sehr gerühmt.« *Financial Times*

Sohntage
Gebunden, 56 Seiten (79369)

Schöner kann man vom Glück, Vater zu sein nicht erzählen. »Es gibt kaum ein Buch, das die neue Vätergeneration so freundlich auf den Punkt gebracht hat.« *Süddeutsche Zeitung*
»Philip Waechter malt wahre Bilderbücher.« *DIE ZEIT*

Philip Waechter/Moni Port
Der Krakeeler
Gebunden, 32 Seiten (79337)

Helene weiß es nur zu gut, was es bedeutet, einen Krakeeler als Vater zu haben! Eines Tages hat sie die Schnauze voll, packt ihre Sachen und zieht in die Welt hinaus. Eine kleine Geschichte aus dem großen Leben: »Die Wirklichkeit hat noch keiner so kongenial abgebildet wie Philip Waechter.« *Süddeutsche Zeitung*